국가에 대한 기독교의 증언

존 하워드 요더 지음

김 기 현 옮김

Original published in English under the title ;
    The Christian Witness to the State / John Howard Yoder
        published by Herald Press, 616 Walnut Avenue, Scottdale PA 15683, USA
All rights reserved.

Korean Edition Copyright ⓒ 2012 Daejanggan Publisher. in Daejeon, South Korea.

요더 총서 **7**
국가에 대한 기독교의 증언

지은이	존 하워드 요더 John H. Yoder
옮긴이	김기현
초판발행	2012년 10월 16일

펴낸이	배용하
책임편집	박민서
등록	제364-2008-000013호
펴낸곳	**도서출판 대장간**
	www.daejanggan.org
	대전광역시 동구 삼성동 285-16
	전화 (042) 673-7424 전송 (042) 623-1424

ISBN	978-89-7071-273-4

이 책은 저작권법에 의해 보호를 받는 출판물입니다. 기록된 형태의 허락 없이는 무단 전재와 복제를 금합니다.
이 책의 성경 본문은 대한성서공회의 새번역을 사용하였습니다.

 **값 9,000원**

차 례

The Christian Witness to the State

<h1 style="text-align:center">옮 · 긴 · 이 · 의 · 글</h1>

왜 존 요더인가? 왜 우리 시대에 아나뱁티스트가 하나의 대안인가?

더 좁게는 왜 이 책을 읽어야 하는가? 등의 물음에 대한 대답을 하자면, 16세기 종교개혁 운동을 간단하게나마 설명해야 한다. 거칠게나마 구분한다면, 관료적magisterial 종교개혁과 급진적radical 종교개혁이라는 큰 갈래가 있다. 전자에는 루터와 칼빈 등이 있고, 후자는 아나뱁티스트가 대표적이다.

명칭에서 보듯이 개혁 운동의 방향과 성격이 국가와의 관계를 어떻게 설정하느냐에 따른 분류다. 관료적 개혁은 국가의 도움을 긍정적으로 수용하는 편이었다면, 급진적 개혁은 교회는 교회 내부의 힘, 곧 하나님의 은혜와 성도의 협력에 의해서만 이루어져야 한다고 주장했다. 그러니까 관료적 개혁 내부에서는 만찬, 성상, 예배 형식 등으로 논쟁한 반면, 그들은 아나뱁티스트와는 국가에 대한 이해로 심하게 다투었고, 핍박했다.

따지고 보면 아나뱁티스트들은 새로운 교리나 이념을 주장하지 않았다. 종교개혁자들이 말한 바를 예외 없이 철저하게 실천하자고 말했을 뿐이다. 오직 은혜로만, 오직 성서로만, 이라는 슬로건에 걸맞게 교회 내부를 개혁하고, 사회에 참여해야 한다는 것이 급진적 종교개혁 운동의 주장이었다. 그러므로 국가에 대한 이해, 국가와의 관계 설정이 종교개혁의 성격을 결정했다고 보아도 그다지 큰 무리가 없다.

그래서일까? 존 요더의 첫 작품이 바로 이 책이다. 내가 번역한 『제자도, 그리스도인의 정치적 책임』KAP 역간은 이 책이 출판되기 이전에 독일에서 행한 강연을 요더 사후에 출간한 것이다. 그 책도 국가를 다룬다는 점에서 초창기 요더의 관심이 어디에 있었는지를 잘 보여준다. 그러니까 국가 이해는 신학과 윤리에 있어서 엄청나게 중요하며, 국가를 어떻게 이해하느냐에 따라 신학적 위치와 방향이 결정되는 핵심 쟁점인 것이다.

이 책이 지닌 의의 중 하나는 요더의 초기 사상과 고민을 보여주는 것과 함께 종교개혁 운동 내부를 갈랐던 지점이 무엇이었는가를, 그리고 주류 개혁자들의 시선이 아닌 예수를 쫓다가 주류에 의해 쫓겨 다닌 삶을 살았던 소수의 시각을 볼 수 있다는 것이다. 그러하기에 이 책은 읽기가 쉽지 않다. 무척 까다롭다. 관점이 워낙 생소하다 보니 맥을 잡기가 도통 어렵다. 그래서 요더가 말하려는 핵심을 간추려 보는 독자들에게 도움이 될 듯싶어 정리해 보았다. 요더의 날 것 그대로의 생생한 목소리를 직접 듣는 것보다는 못하다. 얼마간의 오해의 소지가 있다. 그래도 이 책을 이해하는데 조금이나마 도움이 되기를 바라는 마음 간절해서 몇 자 적어본다.

1. 요더의 핵심 사상은 기독론에 있다. 예수가 주님이다! 예수가 주님이라면, 국가를 대하는 태도에서 있어서도 그분의 주되심Lordship을 인정해야 한다. 그런데도 국가와 사회 참여에 관한 한, 예수님의 삶과 사역, 십자가와 부활의 빛에 비추어 논의하고 실천하기보다는 다른 근거에 의존하는 경향을 요더는 비판한다.

2. 요더는 자연 신학 또는 자연 계시로 국가를 설명하는 것에 대해 그다지 호의적이지 않다. 인간의 합리성과 효율성 등을 원천적으로 배제하는 것은 아니다. 그것이 실제로 국가와 국가 사이에 벌어지는 일들을 처리할 때 상당히 유용하다는 것을 인정한다. 그러나 그것이 우리가 그리스도인 한에 있어서 예수의 주되심을 침해하거나 제약해서는 안 된다는 것이 요더의 생각이다.

3. 기독교 윤리는 기독교인을 위한 것이다. 국가에 대한 성서의 가르침, 예컨대 산상수훈은 다름 아닌 기독교인을 위한 것이다. 이 말은 산상수훈의 가르침을 국가와 정치인들이 그대로 따를 것을 섣불리 기대하지 말라는 것이다. 다시 말해 요구해서는 안 된다. 바로 이 점이 자유주의적 평화주의의 잘못이고, 오늘날 한국의 기독교인들이 자주 범하는 실수이다.

4. 국가는 창조 질서가 아니라 섭리와 보존 질서이다. 전통적으로 주류 기독교는 국가를 선한 존재로 파악했다. 그러나 어떤 국가 이론도 국가를 착하게 보지 않는다. 국가는 타락한 인간 사회와 질서가 창조 이전의 카오스로 되돌아가는 것을 막기 위한 불가치한 하나님의 조처였다는 것이 성서의 일관된 가르침이다. 선을 장려하고 악을 징계하는 것, 오늘날의 언어로 말하자면, 복지와 국민의 안녕을 위해 국가는 필요한 존재이다.

그렇다고 해도 국가의 또 하나의 얼굴마저 잊어서는 안 된다. 지금껏 주류 기독교 전통은 국가를 선한 존재로 보았기에 국가의 이익과 이해를 지키는 것조차도 하나님의 일로 여겼다. 그것이 설령 주되심에 위배가 되더라도 말이다. 이 책은 교회와 국가의 모종의 동일시를 거부하고, 국가주의, 군사주의에 함몰된 교회를 웅덩이에서 끄집어낸다.

5. 국가는 칼sword이다. 강제력force과 폭력violence을 말한다. 요더는 국가의 본질은 강제력 또는 폭력으로 본다. 평화주의자들은 그리스도인은 물론이거니와 국가도 폭력을 단념하기를 요구한다고 오해한다. 앞서 말한 대로 국가는 보존 질서이기에 폭력의 사용을 하나님이 허용하셨다는 것이 요더와 아나뱁티스트들의 주장이다. 다만, 그것이 자기 한도를 넘어서는 것은 생명의 주님이신 분의 권위와 영역마저 침범하게 될 공산이 크고, 그것은 우상숭배이기에 반대하는 것이다. 요더가 누차 언급한 대로 평화주의자들은 국가가 폭력을 최소화하도록 노력한다.

6. 이 책은 평화주의가 사회 참여를 하지 않으며, 또한 사회참여 방식으로 부적절하다는 왜곡에 대한 체계적인 반론이다. 그러니까 성서적으로, 예수님의 십자가의 강조는 보수 기독교에서 보듯이 사회 참여 거부의 논리가 아니며, 진보 기독교에서 보듯이 사회 참여 논리로 부적합한 것도 아니다. 십자가 신앙은 사회 참여를 필연적인 것으로 만들며, 그 방식은 사회를 효과적으로 바꾸는 지극히 현실적이다.

7. 그러면 어떻게 참여할 것인가? 이 책의 제목이 시사하는 대로, 증언하기이다. 증언이란 성서가 말한 바대로 살아내는 것이다. 그 살아낸 삶 자체가 세상에 던지는 메시지다. 세상과 다르게, 세상에 반反해서 사는 그리스도인의 모습 이상으로 더 강력한 복음 선포는 없다. 그리고 그것이 기독교인의 사회 참여의 전제 조건인 것이다. 그러한 삶이 뒷받침

하지 않는 상태에서의 사회 변혁 운동은 공허하기 짝이 없다.

8. 각 교회와 성도는 자신이 살아낸 것에 기초해서, 그리고 자신의 은사를 따라서 사회 참여를 해야 한다. 이것은 모든 영역과 문제를 다루지 말라는 뜻도 된다. 그러면서 연대하고 협력하는 방안을 찾아야 한다.

9. 그래도 요더는 분파적이어서 사회 참여에 미온적이라는 지적이 있을 수 있다. 저자도 말한 바지만, 어떻게 참여하느냐의 방식의 차이일 따름이다. 참여 하느냐, 마느냐의 문제는 아니다. 평화주의가 기존의 방법과는 다른 방식으로 참여한다고 해서, 자기 기준으로 전혀 참여 안한다고 비판하는 것은 오해이다. 비폭력적 방식으로 참여하기에 전쟁과 사형을 반대하는 실천을 수행한다.

10. 몇 가지 번역 용어에 대해 설명이 필요하다. 먼저, 통상적으로 '무저항' 이라고 번역되는 'nonresistance' 이다. 옮긴이 주에서도 밝혔지만, 무저항은 말 그대로 어떠한 저항도 하지 않는다는, 그래서 무책임하다는 인상을 주고, 또 실제로 그런 비판의 근거로 많이 사용된다. 따라서 이 용어는 아무런 행동도 하지 않는다는 뜻에서 무저항이 아니라 폭력적인 저항을 하지 않고 비폭력적인 방식으로 저항한다는 의미에서 비폭력적 저항으로 번역했다.

다른 하나는 'sect' 이다. 분파 또는 종파로 번역된다. 어느 것도 무방하겠지만, 나는 분파를 선호한다. 왜냐하면, 우리 역사에서 종파는 특정한 정치적 이데올로기적 냄새가 물씬 풍기기 때문이다. 내 주관적 느낌일는지 모르겠지만, 분파는 아무래도 사실 판단에 가깝다면, 종파는 가치 판단의 느낌을 더 강하게 준다. 주의할 점은 요더는 자신과 평화주의가 결코 분파적이지 않다고 말한다는 것이다. 오히려 특정 국가, 특정 집단, 특정 이익과 결탁한 주류가 기독교 복음의 보편성을 협소한 차원으로 축소시켰다고 반박한다.

마지막으로 'Christendom'이다. 내가 알고 있는 것만 해도 몇 가지 단어로 번역되고 있는 실정이다. 필립 젠킨스의 『신의 미래』에서는 '기독교 국가'로, 지성근이 번역한 『새로운 교회가 온다』에서는 '크리스텐덤'이라고 했다. 영어 발음을 우리말로 그대로 표기하는 방식을 택한 것이다. 그리고 다른 곳에서는 '기독교 세계'라는 단어를 사용하기도 한다. 마이클 프로스트의 책, 『위험한 교회』는 '기독교 왕국'이라고 번역했다.

어떻게 번역하느냐의 문제는 차치하고, 그 의미부터 짚어야 하겠다. 또한 이 단어와 대척점에 있는 또 하나의 개념어와 대조할 때, 선명하게 이해할 수 있다. 그것은 바로 'Kingdom'이다. 그러니까 '하나님의 나라,' 또는 '하나님의 왕국'이 하나님이 왕이 되어 다스리는 나라이라면, 'Christendom'은 기독교가 왕이 되어 다스리는 나라를 말한다. 하나님 나라의 핵심이 하나님의 통치라면, 'Christendom'의 요체는 기독교의 통치이다. 또는 기독교가 어느 한 곳이라도 예외 없이 사회 전반을 기독교적 이념에 따라 지배하고 통제하려는 사고방식이다. 그런 점에서 '기독교 왕국'이 그 의미를 가장 잘 전달한다.

이것의 다른 이름이 '콘스탄틴주의' Constantinianism이다. 기독교와 국가가 서로 동일시하는 것이다. 모든 사람이 기독교인이고, 정치인도 기독교인이어야 하고, 기독교인이 더 정치를 잘 할 수 있다는 믿음이 '기독교 왕국적' 세계관이고 사회 실천 양식인 것이다. 한국교회에는 서구와 다른 역사적 경험을 했고, 서구와 같이 기독교가 한 사회 전체를 이끌어 본 적이 없음에도 불구하고, 내면에 흐르는 정서는 기독교 왕국에 대한 갈망이 상당히 강하다.

요더의 사상이 생소해서 어렵기도 하지만, 그의 영어와 문장도 수월찮다. 그의 책을 미국인들도 혀를 내두를 정도이니까 말이다. 그래도 우리말로 읽을 수 있도록 해 주는 것은 고스란히 번역자의 책임이다. 나름 최선을 다했지만, 여전히 자신이 없다. 해서, 여러 사람의 도움을 받았다. 김복기 목사는 거의 공역에 가깝게 읽고 고칠 것을 지적해 주었다. 그리고 로고스서원 글쓰기학교 제자이자 언젠가 저자가 될 백동희 목사는 원고를 저자의 마음으로 독자의 자리에서 읽고 지적해 준 것이 큰 도움이 되었다. 그리고 출판사에서도 상당히 세심하게 읽고 고칠 부분을 보내왔다. 그 덕분에 그나마 읽기가 한결 편해졌다. 그래도 미진한 곳이 많다. 그것은 내 책임이다.

번역을 마치면서 배용하 대표에게 감사하다는 말을 전하고 싶다. 척박한 출판 환경에서, 열악한 기독교도서 시장에서 어쩌면 안 팔리는 책만을 일부러 골라서 내는 그의 저력과 배짱이 반가우면서도 종종 놀랍다. 한국교회를 위한 그의 진심이 하루 속히 점차 많은 이들에게 스며들어가고 있어서 기쁘다. 앞으로 그 속도가 더욱 가팔라질 것을 믿어 의심치 않는다. 그리고 내가 가장 사랑하는 아내 이선숙, 아들 김희림, 딸 김서은에게도 사랑을 전한다.

부산 좌천동에 김기현

"우리의 목적은 기독교 평화주의가 실용적이거나 심리학적인 것이
아니라 기독론적 성찰에 뿌리를 두고 있으며, 그래서 사회질서에 부적
절하다는 주장이 참된 사실인지를 분석하는 것이다."

위의 말로 존 하워드 요더는 비록 분량은 작지만, 선구자적 학술서인
『국가에 대한 기독교의 증언』의 전개 방향을 제시했다. 그리스도인의
소명에 관한 논쟁에서 요더는 참신한 공헌을 하면서 그의 존재를 알렸
다. 그는 죽으시고 부활하신 그리스도가 지금도 온 세상을 다스린다고
주장한다. 하나님은 창조 세계 안에 당신의 의도를 재천명해 놓으셨다.
따라서 사회질서의 체계는 악한 측면이 있는 만큼 선을 향한 가능성도
열려 있다. 교회는 이 세상에 가운데 있다. 그러기에 교회는 사회에 대
해 사명이 있으며, 더 나아가 사회와 함께 이루어야 할 사명이 있다.

저자의 논의를 추적하는 데 도움이 될 만한 세 가지 질문을 살펴보
자. 첫째, 교회의 본질은 무엇인가? 둘째, 교회의 선교란 무엇인가? 셋
째, (교회가 주체가 되는) '구속의 질서'와 (국가가 주체가 되는) '섭리
의 질서'가 어떻게 서로 교차하는가?

이스라엘과의 연속선상에 있는 교회는 역사를 관통하는 의미를 분명

히 가지고 있다. 교회는 오직 하나님만이 유일한 통치자로 역사하시는 바로 그 공동체이다. 민족 국가들과 마찬가지로 여타의 구조들 혹은 권세powers들이 스스로 예배를 받을 가치가 있다고 선언하지만, 교회는 그들을 맹목적으로 숭배하기를 거부한다. 교회가 자신의 소명에 온전할수록 사랑이 사회적 관계에서 무엇을 의미하는지를 예증한다. 요더가 제시하는 주장에 귀를 기울여 보자. "예컨대, 기독교 시민에게 전쟁을 정당화하려는 시도는 교회 사역과 양립될 수 없다. 이는 하나님의 계획 속에 교회는 국가에 대해 절대적 우선권을 갖는다는 것을 정직하게 인정하지 않는 처사이다." 저자는 하나님의 의도에서 교회가 갖는 우선권은 지배가 아니라 희생임을 분명히 밝힌다. 즉, 교회는 하나님이 의도한 목적이 아니라 완성을 향한 수단이다.

요더는 포괄적인 국가론도, 교회의 선교에 관한 포괄적 이론도 제시하지 않는다. 이 둘은 지금 자신들의 이웃의 안녕을 위해 일해야 한다. 교회는 이데올로기의 대리인, 즉 특정한 형태의 경제나 사회적 질서를 선동해서는 안 된다. 역사적인 사례를 든다면, 교회는 대학, 교육, 그리고 건강관리의 타당성을 말해왔다. 이러한 것들이 법과 실천을 소중히 간직할 때, '선한 사회를 위한 끊임없는 창의적인 비전'을 추구하는 방향으로 움직일 수 있다. 교회는 이상 사회를 만들려는 권력 메커니즘 안에서 하나의 역할을 떠맡아서는 안 되고, 교회가 존재하는 그 사회 질서 안에서 구체적인 선을 위해 일해야 한다.

이데올로기의 거부와 맥을 같이하는 민주주의에 관한 요더의 평가도 주목할 만한 가치가 있다. 그는 정부의 의사 결정에 시민이 참여하는 구조를 만드는 것에 냉소하지 않고 가치를 부여한다. 그러나 그는 '근본적으로 새로운 종류의 사회 질서로서 민주주의를 신화론적으로 설명'하는 것을 단호히 거부한다. 요더는 경계해야 할 점을 두 가지 지적한다. 하나는 민주주의라 할지라도 폭력이 질서유지의 궁극적 기본 원리로 작용한다는 것이고, 다른 하나는 민주주의는 자기 자신을 지나치게 높이 평가한다는 점이다. 민주주의 옹호자들은 민주주의 원칙에 따르는 투표는 선택을 의미한다고 주장한다. 반면에 요더는 대개 민주주의가 경쟁하는 두 개의 소수 독재 정치 중에서 '덜 반대할 만한 것'을 선택하는 것에 더 가깝다고 말한다.(여기서 노엄 촘스키Noam Chomsky의 흔적을 볼 수 있다.)

그렇다면 '구속의 질서'와 '섭리의 질서' 사이에 상호 교차하는 지점은 무엇인가? 저자를 따르면, 복음의 정언명령과 사회의 규범들 사이에 다리를 놓는 윤리적 장치는 "중간 공리"middle axiom이다. 이론상으로 이것은 단순한 개념이다. 중간 공리란 설명이 필요한 두 사안이 공유하는 가정이다. 예를 들어, 몇몇 나라에서 사회와 교회는 여성이 남성과 평등하며 동등한 방식으로 대우받아야 한다는 것에 의견의 일치를 이룬다. 이것이 합의에 도달한 전제가 되어야 한다. 이를 위해 교회에는 두 가지 의무가 있다. 그것 중 하나는 "실제로 행동을 보여주는 것"walk the walk으로, 신앙 공동체 내부에 성 평등을 마땅히 실천하는 것이다. 다른 하나는 "말을 제대로 하는 것"talk the talk)으로, 국가가 수용할 만한 정의로운 가치를 조성하려고 국가에 말을 거는 것이다.?요더는 '말talk'한 그대로를 온전히 '실천walk'한다는 것을 가리켜 '증언'이라는 용어를 사용하였다. 교회는 국가가 해야 할 일을 잘 하지 않으면 실천하도록 압력을 행사하는데, 그는 "로비 활동"lobbying이라는 용어를 사용한다.

요더는 신약성서를 아나뱁티스트 신앙의 관점으로 읽으며, 전체 창조 질서 안에는 오직 단 하나의 도덕적 규범만이 존재할 뿐이라고 결론을 내린다. 인간의 반역 때문에 하나님은 국가를 제정하셨다. 교회를 위한 윤리와 국가를 위한 윤리는 단지 응답의 차원에서만 다르다. 그런 까닭에 중간공리가 있는 것이다! 그것들은 형이상학적 명제들이 아니라 '기독론적 윤리'와 '기성 사회의 불의'를 실천적으로 연결하는 고리이다. 다시 말해서, 역사 안의 특정한 시점에서 불신앙의 세계가 실천 가능한 가장 높은 단계를 말한다. 이처럼 유동적인 상태에 있는 매 시기의 교회는, 예를 들어 일방적인 공격보다는 다각적인 평화 유지를, 적의 말살보다는 협상에 의한 적의 항복과 같은 작은 악less evil의 선택을 촉구하도록 부름 받았다. 그러나 변함없이 우리에게 내려지는 정언명령은 원수를 사랑하라는 것이다. 이 정언명령은 교회 안에서 이미 구현되는 만큼 세상에서도 도덕적 힘이 있다.

다소 지나친 단순화의 위험을 무릅쓰고 말한다면, 이것이 국가에 대해 기독교적으로 증언하려는 존 하워드 요더의 변증이다. 이는 평화교회 교회론peace church ecclesiology의 관점으로 교회의 사회적 선교를 성찰한 모델이다. 동시에 나는 이 책에 결론이 없다는 인상적인 사실을 발견하였다. 열정적이고 단호하며 때로는 오만한 듯 보일는지 몰라도, 나는 저자의 의도가 그 자신의 시대와 장소를 위한 시도라는 것을 느낀다. 우리에게 이 책은 또 다른 시대와 장소에서도 신실함을 지향하는 징검다리가 될 것이다.

『국가에 대한 기독교의 증언』은 에큐메니컬ecumenical 정신으로 온

힘을 다해서 쓴 책이다. 이 책의 근간이 되는 목적 중 하나는 순진한 실용주의나 부적합한 이상주의 중 하나를 선택하는 사상가들의 경쟁이 가져온 상호배타적인 정치 윤리를 깨뜨리는 것이다. 요더는 순화된 메노나이트주의 안에, 서유럽에 동화된 자유주의 형태 안에, 그리고 북미의 분파적 보수주의 안에 사회에 부적응한 경향이 있음을 아주 정확하게 인식하고 있다. 그 약점을 교정하기 위해 요더는 중간 공리 개념으로 창조 신학의 기초를 건설하기 위해 자유롭게 빌려왔고, 창조 질서 위에 있는 그리스도의 주되심Lordship을 내세웠다.

자신의 비옥한 전통 속에서 이루 헤아릴 수 없는 저술 활동을 통해서 우리를 인도한다는 점에서, 그럼에도 우리가 공유하는 그리스도의 온전한 몸이라는 자원으로부터 그 전통을 수정하는 자유를 붙잡게 한다는 점에서, 우리는 다른 책에서와 마찬가지로 이 책에서도 존 하워드 요더에게 빚을 지고 있다.

존 렘펠 메노나이트 중앙 위원회, 유엔 연락관

머 · 리 · 말

1964년판

이 연구 자료의 대부분은 1955년, 스위스의 피듀Puidoux에서 있었던 "교회와 국가에 대한 그리스도의 주되심"이란 주제로 열린 한 학술회의의 준비 논문으로서 제일 처음 제출되고 발표되었다. 이것을 1958~1959년 메노나이트연구소Institute of Mennonite Studies가 요더와 함께 자문 그룹인 체스터 레만Chester K. Lehman, 가이 허쉬버그Guy F. Hershberger, 에스코 루웬Esko Loewen, J. 로렌스 부르크홀더J. Lawrence Burkholder, 도노반 E. 스머커Donovan E. Smucker, 제이콥 안츠Jacob Enz, 하워드 찰스Howard Charles, 그리고 고든 카우프만Gordon Kaufman에게 공동 연구로 의뢰한 연구 과제의 일부분을 다시 손질한 것이다. 그리고 알버트 마이어Albert Meyer, J 윈필드 프레츠J. Winfield Fretz, 엘머 누펠트Elmer Neufeld, 윌리엄 키니William Keeney, 그리고 에드가 메츨러Edgar Metzler가 유익한 조언과 논평을 하였다.

비록 자문위원들을 통해 큰 도움을 받았지만, 이 책의 생각은 오로지 저자의 것이다. 이 책이 주장하는 대부분은 공동 연구의 과정을 통해 제기된 형식으로 이루어졌다. 이 말이 뜻하는 바는, 이 책의 마지막 장까지의 내용은 한갓 전문적인 것으로 치부하거나 다큐멘터리 같은 부록으로 이해해서는 안 되는 몇 가지 논의를 모아두었다는 것을 의미한다. 이것들은 그냥 간단히 지나치기 십상이다. 그러나 중요한 텍스트의 배경이나 성취한 몇 가지 실례를 다소 길게 다룰 필요가 있어서 출판하게 되었다. 이 책을 출판될 수 있게 후원해준 캔자스 뉴턴에 있는 슈월터 재단Schowalter Foundation에 깊은 감사를 표한다.

메노나이트 연구소(책임자 : 코넬리우스 J. 딕, 부책임자 : 존 H. 요더)

1. 확인해야 할 문제

그리스도의 통치는 국가가 선을 권장하고 악을 억제함으로써 하나님을 섬기는 의무를 다하라는 것을 의미한다. 바꾸어 말하면, 그의 통치는 복음의 누룩인 교회를 세우고, 옛 시대aeon를 견딜만한 것으로 만들어서 평화에 이바지하며, 사회적 유대를 유지한다.

따라서 국가를 향한 교회의 예언자적 증언은 견고하여 움직일 수 없는 기준에 의존한다. 즉, 국가의 모든 행위는 바로 위에서 말한 바에 따라 평가받아야 하며, 하나님의 판단은 아주 예의 바르고 겸손하게 선포되어야 한다. 선한 사람들은 보호받아야 하며, 악한 사람들은 제재를 받아야 하며, 사회의 구조는 혁명과 전쟁 모두로부터 보존되어야 한다. 따라서 정확하게 표현하자면, 교회는 마구잡이로 희생자를 양산하는 전쟁 수단을 비판해야 할 뿐만 아니라, 긴장을 지역 내에서 해결하기는커녕 더 확대하려는 전쟁 목적도 비난해야 한다. 이는 그리스도인에게는 물론이고 국가에게도 잘못된 일이다. 다른 한편으로 사회의 내부 혹은 국제연합United Nations에서의 경찰 활동은 원칙상 같은 근거로 비난할 수 없다. 요는, 안전보장 장치들이 위험을 최소화할 수 있는가, 라는 의문이 있다. 실제로 근대에 있었던 모든 전쟁을 비판하는 원칙은 완전한 제

자도의 윤리에 근거한 것이 아니라 국가를 찬성하는 현실주의적 기초 위에 있다.1)

이 책은 위에서 인용한 단락이 주장하는 바에 대한 철저한 주해이다. 국가가 질서 유지의 책임을 지는 것과 관련해서 말하자면, 그리스도인과 교회가 사회질서에 대해 말하거나 국가를 향해 비판과 제안을 할 수 있다는 내용이다.

이것은 대부분의 기독교 그룹들에게 증명할 필요가 없는 당연한 주장이다. 교회, 그리고 교회와 사회의 관계에 대한 기준과 이상을 중세에서 찾는 모든 기독교 전통은 전체 사회가 기독교라는 사실에 근거하여 정치인도 필시 기독교인이라고 소박하게 가정한다. 그래서 교회의 윤리적 기준을 정치인에게 적용한다. 이 모든 그룹들가톨릭, 루터파, 개혁파은 피상적으로는 달라 보여도 국가의 모든 활동, 예컨대 경찰 기능, 사형제도, 심지어 전쟁까지도 정치인 또는 군인으로서 그리스도인의 의무이자 책임이라고 말한다는 점에서 근본적으로 같다. 그러나 예수 그리스도를 신뢰하는 믿음의 길과 예수님께서 부르신 십자가의 길에 대한 철저한 헌신을 약속한 비폭력적 저항nonresistant −통상적으로 무저항이라고 번역한다. 그러나 무저항은 말 그대로 어떠한 저항도 하지 않는다는, 그래서 무책임하다는 인상을 주고, 또 실제로 그런 비판의 근거로 많이 사용된다. 따라서 이 용어는 아무런 행동도 하지 않는다는 뜻에서 무저항이 아니라 폭력적인 저항을 하지 않고 비폭력적인 방식으로 저항한다는 의미에서 비폭력적 저항으로 번역했다.− 옮긴이주은 그리스도인들이 받아들일 수 없는 결론이다. 그러므로 국가에 봉사하는

---

1) J. Yoder, 『근원적 혁명』 대장간 역간 2011, 99쪽 이하. 이 논문은 이미 "종말론 없는 평화"로 출판된 바 있다.

것이 기독교가 따라야 할 임무라고 말하는 것, 즉 국가의 의무와 기독교 의무를 동일시하는 것을 수용할 수 없다.

이 주장들은 1920년대와 1930년대 북미 교회 내의 강력한 대중 운동이었던 기독교 평화주의자의 관점에서도 더는 증명할 필요조차 없을 정도로 자명했다. 기독교 평화주의자의 관점에서 기독교 윤리를 국가에 적용하는 것은 아무런 문제가 되지 않는다. 이 관점에 따르면, 평화주의자들은 설령 국가 정책의 수단으로 강제력적어도 군사력의 사용을 포기하라는 기독교의 사례와 가르침을 근대 국가라도 따르는 것이 어느 정도 가능하다고 가정한다. 국가가 기독교 윤리의 요구를 충족할 수 있다는 가능성과 관련해서 보자면, 이러한 낙관주의는 신중한 성서 연구도 아닐뿐더러, 작금의 사건을 현실주의적으로 해석한 것도 아니다.2)

다음의 사실을 동시에 인정한다고 해보자.

a. 예수 그리스도와의 관계를 통해 그리스도인이 된 신자들이 동료의 삶과 자유를 더는 위협하거나 빼앗지 않는다면,3) 그리고

---

2) 이러한 종류의 평화주의에 대한 설득력 있는 비평은 다음 자료에 간결하게 제시되어 있다. John R. Mumaw in "Nonresistance and Pacifism"(Pamphlet), Scottdale, 1944, 그리고 Herman Yoyt, *Then Would My Servants Fight*, Winona Lake (Brethren Missionary Herald Co.), pp. 54-69 가이 허쉬버그(G. F. Hershberger)는 그의 책 『전쟁 평화 무저항』 *War, Peace, and Nonresistance*, (대장간역간)의 9장에서 유사한 의문점을 제시하였다. 전혀 다른 신학적 배경에서 똑같은 비판을 한 것은 다음을 보라. Franklin H. Littell in "The Inadequacy of Modern Pacifism," *Christianity and Society*, Vol. XI, No. 2; pp. 18-23(Spring 1946). (몇몇 문맥에서 사용되기도 하지만, 혹자에게 오해받기도 하는) '평화주의'라는 단어의 광범위한 의미를 사용할 때 문자적 차이를 제외하고 현재의 연구는 이러한 비평이 근본적으로 정당하다고 전제한다. 이 점에 관해서 더 체계적인 언급은 63쪽 이하를 보라.

3) 비록 이 책에서 검토하지 않고 전제하고 있지만, 이 확신은 몇몇 독자들에게는 의당 설명이 필요할 것이다. 이 주제에 대한 가장 적절한 논의는 다음을 보라. Jean Lasserre, *War and the Gospel, Scottdale*, Herald Press, 1962; G. H. C.

b. 우리 사회가 강제력force을 사용하지 않고는 제 기능을 발휘하는
   것을 기대할 수 없다면,

바로 위에서 언급한 기독교 신앙의 지향점은 기독교가 정책 연구와
정치적 결정에 적절한 공헌을 할 수 없고, 더는 추종할 수 없는 것으로
많은 사람에게 비추어졌다. 국가의 진정한 본질은 강제력이지만, 그리
스도인들은 자신의 유익뿐만 아니라 심지어는 정의로운 유익을 위해서
도 강제력에 의지하지 않는 일에 헌신해야 한다. 그런 까닭에 미국 윤리
사상에서 이 문제에 대한 가장 최근의 관점은 일관된 기독교 평화주의
자들이 자신의 태도를 지키고자 한다면 정치적으로는 부적절하다는 판
정을 인정해야 한다는 것이다.4) 간디의 비폭력적인 정치 압력을 옹호하
는 것과 반군사적인 국가 정책을 취하는 특정한 상황을 수용하는 것은
완전히 다른 별개의 문제이다. 그러나 예수 그리스도 때문에 혹은 하나
님의 법 때문에 어떤 상황에서도 전쟁에 참여할 수 없다고 말하는 그리
스도인들은 자신의 신념 때문에 정치적 상황에서 결정적으로 단절된다.

그렇지만, 그 때문에 그가 사회에서 무가치한 존재라고 볼 수는 없다.
정치적 영역이라도 그리스도인이 실현하려는 원리의 기본 쟁점을 인지
하는 것은 정치적 질서에 도덕적 관심을 두는 그리스도인에게는 필수적
인 부분이다. 자신의 견해만을 유일하게 옳다고 주장하지 않는다는 조
건을 준수한다면, 헌신적인 기독교 평화주의자는 일상적인 정치 활동에

MacGregor, *The New Testament Basis of Pacifism*, Fellowship, revised edi-
tion 1953; Culbert Rutenber, *The Dagger and the Cross*, Fellowship, 1950. 그
리고 2쪽에 있는 J. Yoder의 책 목록을 참조하라.
4) 우리가 여기서 요약한 최근의 해석에 대한 가장 일관되고 설득력 있는 공식은 라인
홀드 니버(Reinhold Niebuhr)의 작품 속에서 많이 발견된다. J. Yoder, "Reinhold
Niebuhr and Christian Pacifism"(팸플릿), *Concern*, Scottdale, 1959를 참조하
라. 그러나 똑같은 일반적 분석이 다른 문제에 관한 니버의 확신을 따르지 않는 사
상가들에게서도 발견된다.

서 효율성을 필수적인 것으로 받아들이고, 그 효율성과 타협하려는 책임 있는 양심을 끊임없이 불편하게 하는 등에와 같은 유용한 상징적 기능을 한다. 타협하지 않고 도덕적 순결을 지키려는 상징적이고도 "예언자적"인 태도가 부적절하다는 말은 지금 당장은 시의적절하지 못하다는 판단을 인정한다는 점에서, 그리고 정치 영역에서 실천 가능한 정책을 입안하고 해결책을 제시하는 것이 가능하지 않다는 것을 인정하는 점에서 정당화되고 의미가 있을 뿐이다.

우리 시대가 물려받은 기독교 윤리사상은 위에서 언급한 문제들을 반드시 현재 진행되는 연구의 출발점으로 삼아야 한다. 우리의 목적은 기독교 평화주의가 실용적이거나 심리학적인 것이 아니라 기독론적 성찰에 뿌리를 두고 있고, 그래서 사회질서에 부적절하다는 주장이 참된 사실인지를 분석하는 것이다. 이 목적을 달성하기 위해 그리스도의 모범과 가르침에 따르면, 우리는 무엇보다도 죽음을 부르는 폭력을 거부하는 것이 먼저 그리스도인에게 요구된다는 점을 전제해야 한다. 또한, 우리는 현 시대가 폭력적인 행동이 필요 없는 정치적인 혹은 경제적 질서를 확립하는 가능성에 관해서는 논의하지 않을 참이다. 다만, 이 논의의 목적을 위해 그것이 불가능하다고 가정할 것이다. 이 두 가정은 그들의 관점에서 보자면 논의가 요구되지만, 여기서는 그러한 논의를 다룰 자리가 없다. 이러한 관점과 가정이 제공해주는 틀 안에서 우리는 그리스도인들이 사회 체제에 대해 적절한 방법으로 증언하는 것이 가능하다고 본다. 그뿐만 아니라, 증언의 성공에 대한 희망을 품고 과연 어떤 근거 위에서, 어떤 기준에 따라서 그것이 의무인지를 규명하는 노력을 기울일 것이다.

2. 국가를 향한 증언의 근거

A. 신약성서의 증언에 따른 그리스도의 주되심

여호와께서 내 주께 말씀하시기를 내가 네 원수를 네 발판이 되게 하기까지, 너는 내 오른쪽에 앉아 있으라 하셨습니다. 시편 110:1, 새번역

교회의 증언과 예배에 관한 매우 초기의 기록인 사도행전의 1장부터 신약성서의 마지막 장에 이르기까지, 하나님의 우편으로 승귀하신 예수 그리스도는 지금도 전 세계를 다스리고 계신다는 확신은 변함없이 나타난다. 위에서 인용한 시편 110편의 구절은 신약성서에서 가장 많이 인용되고 암시된 구약성서 구절이다.

이 말의 의미를 신구약 성서 안에서 파악하기 위해서, 먼저 우리는 성서가 초인간적 권세superhuman power에 의해 지배받는 인간사를 어떻게 보고 있는지를 이해할 필요가 있다. 초인간적 권세는 성서에서 수많은 이름, 즉 보좌, 정사, 권세, 천사장, 주관자들로 언급된다. 해석자들은 이들을 천사들과 마귀들과 같은 표제하에 종종 분류한다. 이 권세들은

인간의 일을 결정하는 눈에 보이지 않는 힘으로 이해된다. 성서 언어에서 권세에 상응하는 현대 용어는 거칠게 말하면 구조structures일 것이다. 정신분석학적이고 사회학적인 분석가들은 이 단어를 개인적인 차원을 넘어서는 국가나 특정한 문화의 영역에서 인간사human affairs를 결속시키는 어떤 응집력과 목적의 차원을 가리킨다고 말한다.5) 간단히 말해 권세는 성서가 말하는 세상요한 문헌에서는 kosmos, 바울을 따르면, aion houtos이라는 영역을 통치한다.6)

신약성서는 십자가와 부활, 그리고 승천과 성령의 부으심으로 말미암아 예수 그리스도께서 권세들을 이겼다는 승리에 찬 단언을 한다. 이것이 주Lord라는 용어의 명확한 의미이다. 오순절에서 파루시아Parousia에 이르기까지 역사에서 현재 시기의 중요성은 "하나님께서 모든 원수를 그리스도의 발아래에 두실 때까지, 그리스도께서 다스리고전15:25"는 시대라는 사실에 있다.

---

5) 다음을 참조하라. H. Berkhof, 『그리스도와 권세』Christ and the Powers, 대장간 역간, 2012. 고든 럽(Gordon Rupp, *Principalities and Powers*, Epworth, London, 1952)이 "-Anities, -Alities, -올로기(Ologies), -주의(Isms)······"와 같은 목록으로 그 나라의 이름을 명명한 것은 적절하다. 우리는 여기에-나라들(doms)과 -신분(hoods)과 같은 것들을 덧붙일 수 있다. '인과관계', '숙명', '필연', '인도주의', '체면', '기독교왕국(Christendom)', '국민성'과 같은 단어들은 특정한 사람이나 사물 혹은 사건을 가리키지 않는다. 그렇다고 단순히 관념도 아니다. 그것들은 초인격적인 종류의 실재들로, 삶에 일관성을 부여하며, 인간의 결정에 실제적인 능력을 발휘한다. 구체적인 사건들 안에서 충돌은 완전히 노골적인 형태(파시즘, 요술)로, 또는 상당히 애매하고 간접적(인도주의, 도덕법)으로 가시화된다. G. B. 케어드(G. B. Caird, *Principalities and Powers*, A Study in Pauline Theology, Oxford, Clarendon, 1956)는 권력이 네 가지 의미를 포함한다고 말한다.(p. xi) 이방 종교, 이방 국가의 권력, 유대교 율법, 물리적 우주 안에서 비합리적인 요소들이다. J. Yoder, 『예수의 정치학』(IVP 역간), 8장을 참조하라.

6) 우리는 여기서 '세상'이 신약이나 신학에서 다른 의미로 사용된다는 것을 부인하지 않는다. 그럼에도 이 용어는 가장 빈번하게 반역하는 창조 질서를 가리키며, 그리고 한결같이 그런 방식으로 사용되고 있다.

현재 역사의 특징은 두 시대 또는 두 아이온aeons의 공존이다. 두 시대는 함께 공존하고 있어서 둘 사이의 본질적인 차이는 시간이 아니며, 또한 방향의 문제 이상의 것이다. 현재 시대는 죄가 특징이며 인간이 중심이지만, 도래하는 시대는 그리스도 안의 궁극적 길 속으로 역사가 진입하게끔 하는 구속적 실재이다. 지금의 시대는 순종을 거부하여 인간 자신을 안녕할 수 있게 한 유일한 근거를 거부한다면, 도래하는 시대는 하나님의 뜻이 이루어진 상태가 특징이 될 것이다. 그분의 뜻이 이루어진 상태가 가능하다는 보증은 하나님나라의 최종적인 완성을 미리 맛보게 하는 교회 안의 성령의 임재이다. 따라서 비록 새 시대가 도래하는 것으로 묘사되지만, 그것은 단지 미래의 시기만을 말하지 않는다. 옛것은 새것으로 이미 대체되기 시작했으며, 그 승리의 초점은 그리스도의 몸이다. 즉, 그 몸은 먼저 사람이 되신 그리스도 예수이고, 다음으로 그분으로부터 말미암아 순종하는 신자들의 교제를 말한다.

현재 세계의 역설적 상태는 고린도전서 15장 20-28절에 잘 표현되어 있다. 그리스도의 모든 대적이 아직 그분께 굴복한 것은 아니지만, 그리스도는 현재의 주Lord이시며 현재도 통치하고 계시는 분이다. 오스카 쿨만O. Cullmann이 제시한 그림에 의하면, 그리스도의 대적들은 패배했음에도 압도적인 힘을 갖고 있어서 최종적인 항복을 하기 전까지 얼마 동안은 저항을 계속하는 나라와 같다. 그러므로 그리스도께서 승리하셨고 (성령을 통하여 교회를, 선취에 의하여 세상을) 다스리고 계신다는 것과, 악의 권세들이 여전히 버젓이 활개를 치고 다닌다고 신약 성서가 우리에게 말하는 것은 가능하며, 절대로 비합리적이지 않다.

그리스도 통치의 이중적 성격을 가장 분명하게 보여주는 것이 쿨만의 '그리스도의 왕권과 신약성서 안에서 교회' 의 장점이다.7) 현재 시대에서 통치가 표현되는 두 가지 방식 사이에는 질적인 차이가 있다. 하나님나라Kingdom of God라는 용어의 현대적 쓰임은 일반적으로 교회와 세상 사이의 경계선을 불분명하게 하는 데 일조한다는 점에서 성서적 관점에 충실하지 못하다. 아버지의 통치는 아직 도래하지 않은 시대의 마지막과 동일시된다.("그다음에는 마지막이 올 것인데, 그때에 그리스도께서 모든 통치와 권위와 권력을 폐하시고, 그 나라를 하나님 아버지께 바치실 것입니다."고전15:24) 다시 말해 현재 역사에서 우리는 그 왕국이 두 개로 분리되었다고 예상한다. 두 가지 모두 최후 승리를 미리 맛보게 하지만, 서로 다른 방식을 취한다. 하나님의 구속하는 사역이 궁극적으로 승리하셨다는 것의 사회적 표현이 교회이며, 세상은 여전히 반역하고 있지만, 그리스도의 왕권 혹은 아들의 나라에 굴복하게 될 것이다. 그런 까닭에 우리가 체계적으로 말하는 것이 허용된다면, 아들의 나라는 하나님의 나라와 구별되어야 한다.8)

역사를 다스리시는 하나님은 신약에서 낯선 개념이 아니다. 이 개념은 유대교 예언자들의 정신prophetism 안에서 이미 널리 사용되었다. 이사야 10장은. 전형적인 사례이다. 이 본문은 하나님이 이방 국가들을 보복하는 일, 곧 하나님이 사용하시는 국가가 폭력의 도구라 하더라도 하나님이 심판하시는 것과 맞는다면, 국가를 사용하신다는 것을 입증한다. 표면적으로 신약의 관점은 특별히 기독론적으로 역사에 대한 이러

---

7) In *The Early Church: Studies in Early Christian History and Theology*, ed. A. J. B. Higgins, Westminster, 1956, pp. 105ff.

8) 고린도전서 15:24ff. '아버지의 나라' 와 '아들의 나라' 사이의 구분은 복음서의 보도만으로 읽어내기 어렵다. 즉, 승천 전에는 그 구분은 무의미하다. 서신서들은 대적들이 발등상에 꿇을 때까지 오른편에 앉아 있는 것을 일시적인 상태로 인정하는 반면,(특히 히10:12, 고전15:24를 보라.) 시편 110편을 인용한 복음서의 구절에서는 그러한 결론을 이끌어낼 수 없다.(막12:36, 14:62, 그 외 병행 구절)

한 이해를 변경시킨다. 즉, 구약은 주께서 역사의 주인이라고 말하지만, 신약은 예수 그리스도가 그 주님이라고 덧붙인다.

그러나 거기엔 더 깊은 또 다른 차이가 존재한다. 구약에서는 그러한 역사 이해의 기원이 형성되어 있기는 하지만 아주 뚜렷하지는 않고, 다만 복수에 대한 복수의 순환이 나타날 뿐이다. 도래하는 위대한 날Great Day Coming에 대한 기대에는 약속과 위협이라는 모순이 존재한다. 그것은 구약성서 안에 혹은 신구약 중간 시대에서는 결코 해결되지 못한 문제였다. 가장 일반적인 해결 방법은 이스라엘의 희망을 순수하고 단순하게 민족주의화하는 것이었다. 복수는 국가를 위한 것이고, 약속은 유대인을 위한 것이다. 그러나 이 대답은 참된 모든 예언자의 핵심적인 통찰들과 모순된다. 대답은 오로지 예언자들의 희망이 성취되는 것을 통해서만, 그리고 그리스도의 사역이 역사의 문제와 신인 공동체神人共同體, divine-human community를 뚜렷하게 함으로써 이루어진다.

이스라엘이 희망을 민족주의화 한 것은 오해이다. 하나님의 진정한 의도는 어떠한 지역적, 민족적 혹은 어떤 시대의 인종과 결부된 연대성 ethnic solidarities과도 동일시될 수 없는 새로운 사회의 창조라는 점을 예수는 분명히 밝혔다.9) 새로운 몸인 교회는 십자가 위에서 하나님의 사랑이 승리했다는 것의 미리 맛봄foretaste이자 그분의 나라에서 궁극적인 사랑의 승리를 미리 맛보는 곳이다. 교회는 복음을 전하는 틀이다. 역사의 참된 의미는 하나님이 "발판"으로 섬기는 일에 사용하고자 교회를 선택하셨다. 이제 복수를 복수로 갚는 모든 메커니즘은 구속의 목적에 순종하는 매개로서 의미를 지닌다. 이를테면 평화를 유지할 때에 모

---

9) 특별히 다음을 참조하라. "Jesus and the Resistance Movement of the Zealots" in O. Cullmanns *The State in the New Testament*, Scribners 1956.

든 사람이 진리를 아는 데 이르게 된다.딤전2:4 폭력에 대한 폭력, 복수에 대한 복수의 상호작용은, 이사야 10장이 염두에 두는 것이 국제전이든 또는 상대적으로 훨씬 잘 통제되는 국가의 사법 기관과 경찰이든지 간에, 교회의 사역이 수행되는 맥락인 인간 공동체의 구조를 보호하는 것이 궁극적인 목적이다.

그리스도의 주되심이 어떤 의미가 있는지를특히 국가와의 관계에서 더 구체적으로 분석하기 전에, 성서의 가르침을 전통적인 개신교 사상과 결부하려는 노력이 일으키는 두 가지 부수적 문제를 살펴보아야 한다.

어떤 단체에서는 '그리스도의 주되심' 이라는 구절을 상당히 자주 사용하며, 이 책에서 사용하는 것과는 매우 다르고 제한적인 의미로 사용한다. 경건주의적 혹은 율법폐기론적 신앙은 그리스도를 무엇보다도 구세주로 생각하는 반면에 미국의 자유 교회 쪽에서는 이 단어가 통상적으로 그리스도를 믿음으로 순종해야 하는 주Lord로 인정되어야만 한다고 주장한다. 따라서 '그리스도의 주되심' 이라는 용어는 그분이 성취한 사역을 통해서 그리스도의 것이 된 객관적 지위나 존엄을 의미하지 않는다. 오히려 세상이 그분에게 영광 돌리기를 거부하더라도, 신자 개개인이 주관적으로 그분께 돌리는 영광을 의미한다. 우리는 이런 방식으로 사용되는 주라는 용어가 예컨대, 신실한 제자도로의 부르심인가에 관해서는 논쟁하지 않을 참이다. 그럼에도, 그렇게 사용하는 것은 그리스도의 주되심을 개인의 신앙에 의존한다는 것을 의미하기 때문에 이 용어의 성서적 의미를 왜곡한다.

'여전히 반역하는 세상의 권세들이 존재하는 상황에서 주되심은 어떤 의미가 있는가?' 라는 질문을 던지는 것은 의미가 있다.

'주' 는 근본적으로 정치적 권위authority의 영역에서 온 용어이다. 때문에, 우리는 법적으로는 그 어떠한 도전도 받지 않는 많은 정치적 주권이라도 그것이 지배하는 지역에서 모든 사람과 기관의 행동을 완전히 통제하려는 것은 그다지 효과적이지 못하다고 말하겠다. 또한, 그 주권이 인정되는 지역이라도 총체적이고 조건 없는 순종을 강요할 수 없다는 사실을 지적하고자 한다. 이것이 그 질문에 대한 가장 적절한 대답이 될 것이다. 반역적 세상 위에 하나님의 주권이 미친다는 사실을 가리키는 전통적인 개신교 용어는 '섭리' 혹은 '신적인 통치' 이다. 이왕에 '주되심' 을 토론하고자 한다면, 그것은 오로지 교회와의 관계 속에서 다루어야 한다. 성서적 용어인 '주되심' 은 훨씬 더 정치적인 표현이라는 점에서, 그리고 예수 그리스도와의 관계를 가리킨다는 점에서, 더 인격적이고 자발적인 색채를 지닌다는 점에서 주되심은 동의어인 '섭리' 와 실제적으로는 다르다.

B. 그리스도의 주되심과 국가

국가는 세상을 가장 철저하게 대표하는 한 단면이다. 여기서 국가란 어떤 특정한 하나의 정치적 패턴이 아니라 최종적 권위를 지니고 강제력에 호소하는 조직화한 사회라는 근본 현상을 말한다.10) 위에서 확인

---

10) 우리는 여기서 신적인 제도나 사회계약, 혹은 전체주의 국가 (레비아단)와 같은 교리들을 설명하지 않을 것이다. 또한, 많은 근대 국가들의 사회복지 기능에 우선으로 관심을 두지 않는다. 전통적인 수많은 사상가는 무력에 의한 최종적인 규약이 국가의 본질이라고 생각해 왔다. 즉, 어떤 사람들에게는 국가의 본질이 약간은 넓고 건설적인 공동체 기능이 있지만, 칼을 사용하는 것이 비록 국가의 본래 과업과 별개인 '특이한 일' 이더라도 여전히 없어서는 안 된다. 일부 유토피아주의자들은 칼의 사용을 완전히 금지하려고 한다. 이러한 논쟁은 후에 검토하겠지만(p. 74ff.), 우리의 현재 관심이 아니다. 국가가 실제로 그렇든, 아니면 이론상으로만 그렇든 간에 실제

한 바로 그 점 때문에 신약 교회와 사도적 저술가들은 정치적 권위를 지닌 사람들이 비록 하나님의 경륜의 일꾼임에도 하나님의 목적에 반역함으로써 또는 복종함으로써 쓰임 받는다고 인정했다. '이 세대의 관원'이 하나님의 숨겨진 지혜를 알았더라면 "영광의 주를 십자가에 못 박지 아니하였으리라"고전2:8는 구절에서 바울은 예수를 반란 선동자로 사형을 집행했던 인간과 초인적 권세를 포함하는 모든 권세는 자신이 패배하는 과정 속에서 궁극적으로 하나님의 도구로 이용된다고 말한다.

로마서 13장과 베드로전서 2장은 국가가 사회질서를 유지하는 하나님의 도구라는 것을 가장 직접적이고도 긍정적으로 다룬다. 로마서 13장의 몇몇 용어들은 '질서' 혹은 '체제order' 라는 의미의 어원인 탁시스taxis에서 파생되었다. 1절의 말씀은 "모든 사람은 인준된ordained 권세에 복종subordinate해야 한다"로 번역될 수 있다. 따라서 그리스도께서 국가를 포함하는 '권세' 를 통하여 인간의 불순종을 다스린다면, 그것은 '섭리의 질서' 라고 말할 수 있다. 마찬가지로 그리스도께서 제자들의 순종을 통하여, 그리고 그 순종 안에서 통치한다면, 그것은 '구속의 질서' 라고 말할 수 있다. 만일 오로지 교회만이 은총의 영역 안에 존재하는 것인 양 말한다면, 그것은 오해다. 왜냐하면, "은총의 질서"에 속하는 것 중에서 하나만을 언급하기 때문이다. 온 세상 위에 있는 그리스도의 주 되심과 교회 안에서의 그분의 머리되심은 모두 하나님의 은총에 속한다. 비록 독특하지만 말이다.

그리스도의 승천과 원수들이 최후의 패배를 하는 사이의 시간은 아들의 나라가 완성된 아버지의 나라에 그 자리를 넘겨주는 시간이다. 바

모든 국가는 칼을 휘두르며, 그것이 사실상 이 연구의 주제이다. 칼을 사용하지 않고, 문제를 일으키지 않는 어떤 제도들을 국가인지를 묻는 것은 여기서 부적절하다.

로 그때의 특징은 그리스도의 통치가 폭력에 길을 터주어, 폭력이 폭력 자신을 거스르는 것으로 바뀌어 인간 사회 존립의 선결 조건이자 교회 사역의 매개체가 될 질서taxis를 가능한 한 많이 보존하는 데 사용되는 것이다.

사법과 경찰 기능 안에서 국가의 존재가 악이 전달되는 통로의 주요한 구현이라면, 국가에 대한 신약의 가르침이 가장 분명하게 표현된 곳은 다름 아닌 신자의 변화된 삶을 묘사하는 것에서 시작로마서 12장하여 신자가 이미 그렇게 살도록 부름 받았다는 관점에서 도래할 날에 대한 기대를 환기시키는 것13:11ff으로 마치는 맥락에서 발견하게 된다. 이는 철저하게 논리적이다.

'현재의 악한 세대'의 '권세들'은 가시적인 지배로 나타나고 있다. 그럼에도, 그리스도의 승리는 이미 보증되어 있어서 역사의 궁극적 의미는 지상의 제국들의 진로나 혹은 자만한 문화의 발전이 아니라 '택하신 족속, 왕 같은 제사장, 거룩한 나라' 즉, 그리스도의 교회와 함께 하라는 부름 안에서 발견된다. 교회는 근본적으로 더 나은 사회가 되도록 발전하도록 용기를 북돋는 도덕적 동기의 원천이 아니다. 비록 신실한 교회가 이러한 효과를 얻는다고 해도, 사회가 그 기능을 계속 유지하도록 교회가 일하는 것은 바로 교회 자신을 위해서이다. 역사의 의미그리고 국가의 중요성는 창조와 교회의 사역 안에 놓여 있다. 그리스도인들이 정치적 권세자를 위해 기도해야 하는 이유는 "하나님은 모든 사람이 구원을 받으며 진리를 아는데 이르기를 원하시기"딤전2:4 때문이다. 질서 잡힌 사회를 유지하는 국가의 기능은 세계를 복음화하려는 하나님의 거룩한 계획의 일부분이다.11)

---

11) '복음화'라는 용어를 교회의 분류에 따라 개인적인 개종자의 모집으로 지나치게

지금까지 말해 왔던 바를 신중하게 성찰해 본다면, 신약성서는 국가에 대해 기독교가 증언할 만한 이유를 제공하며, 그 증언의 기준을 제시한다는 사실은 분명하다. 종종 과거 역사를 보면, 그리스도인들은 국가가 하는 일과 생명에 관심을 뒀다. 그 목적이 정치적 반대자를 패배시키기 위한 부름이던지, 아니면 선한 사회를 만들라는 부름이던지 간에 국가는 하나님의 뜻을 세상에서 성취하는 데 근본적으로 중요하다. 다른 그리스도인들은 교회 구성원들이 동시대의 책임 있는 정치인이 될 때에 교회가 국가의 도덕적 길잡이가 될 수 있다고 여전히 믿고 있다. 그러나 신약성서가 국가에 대해 관심을 두는 이유는 다르다. 국가는 하나님의 계획 안에서 필수불가결한 한 가지 역할이 있다. 그러나 근본적으로는 한계가 있다는 점에서 국가는 분수를 알아야 하며, 교회와는 구별된다. 그럼에도, 여전히 구속의 계획 안에 존재한다. 비록 신약 교회가 이러한 확신을 행동으로 옮길 기회가 거의 없었지만(유일한 경우가 재판정에서의 예수와 로마 관원 앞에 있는 바울의 모습일 것이다.), 그들은 국가에 자신의 역할을 이행하는 것에 대해 분명하고도 적절하게 판단할 만한 기준을 증언하는 것으로 충분하다.12)

협소한 개념으로 제한해서는 안 된다. Cf. p. 17 그리고 22ff. 그렇다고 해서 그 용어를 신앙으로의 초청이나 신앙 공동체를 세우는 것과 무관한 일반적인 사회적 목표를 선포하는 것으로 축소해서도 안 된다.

12) 역사적으로 국가의 위치에 대한 교회의 지식은 교회가 정치인들에게 정치에 대해 말해야만 하는지는 아직 논쟁의 여지가 많다. 차라리 교회는 이 지식을 간직하지 말아야 할까? 만약 우리가 말하는 통찰이나 원리들이 진리나 신비, 즉 복음을 육화하지 못한다면, 이 점에 관해 그다지 할 말이 없을 것이다. 그러나 그것이 복음이다. 그 자리에 권력을 두는 것은 그리스도의 사역에 온전한 요소이다. 이것이 진리라는 바로 그 사실은 모든 사람(그렇다. 심지어 그것이 권력 자체라고 할지라도…)에게 복음을 선포하기 위한 필연 조건이자 충분조건이다. "이는 이제 교회로 말미암아 하늘에서 정사와 권세들에 하나님의 각종 지혜를 알게 하려 하심이니"(엡3:10) 사실, 권력을 향한 선포는 단지 승리의 고지일 뿐만 아니라, 그 승리의 실현이다. G. C. 케어드(op. cit. 84ff.)는 이 연결을 '계시를 통한 승리'라고 말한다.

C. 유사한 동기

위에서 언급했듯이, 국가의 역할을 해석하는 신약 성서 나름의 방식에 관심을 집중할 만한 충분한 이유가 있다. 이 접근 방식은 국가에 대한 의미 있는 증언이란 기독교 인구의 수적인 힘이나 국가가 기독교 신앙 고백을 하거나, 국가가 그 증언을 기꺼이 들으려는 의지가 있다는 점에 근거를 두지 않는다는 점을 분명하게 보여준다. 더군다나 우리 시대에는 국가에 관심을 둬야 할 이유가 많다. 그리스도인들은 이웃의 복지를 위해 매우 개인적이고 아주 구체적인 관심을 둬야 한다는 것이 가장 중요한 이유이다. 국가는 시민을 위협할 수도 있고, 안녕을 실현할 수도 있다. 국가의 주장이 급속히 퍼질수록, 사회 경제적인 메커니즘을 조작할수록, 우리 이웃의 안녕에 더 많은 영향을 미친다. 기독교가 불의에 반대하는 증언을 하는 것이 무엇인지를 이해해야 한다.

더 나아가 우리는 '인간의 복지'는 본래 하나의 가치이자 척도라는 생각을 떠올려야 한다. 비록 추상적으로 정의할 수는 없지만, 그것을 요구하는 기존의 상황 안에서는 자명하게 받아들여야 한다. 예수께서 이웃을 자신에게 하듯 사랑하라고 가르치실 때, 그 말씀은 이기심을 측정할 수 있다거나 혹은 이기심이 이타심을 뒷받침한다거나, 그 둘이 서로 균형을 이루라고 명령하신 것이 아니다. 실제 요점은 훨씬 단순하다. 나는 나 자신을 들여다봄으로써 내가 '선'이라고 생각하는 것이 무엇인지를 아주 잘 안다. '인간의 안녕'이라는 기준은 우리가 그리스도의 주되심에 관해 말해왔던 것과는 판이한 개념이다. 그러나 둘은 근본적으로 서로 대립하는 개념은 아니다.

이러한 사랑의 관심은 우리를 정치적으로 불의한 정부의 희생자들뿐 아니라 정치가들과도 묶어준다. 어떤 사람도 하나님과 그리고 심지어 타인에게 고통을 주는 원인을 선택한 이상, 자신과 화해할 리 없다. 권력을 향한 탐욕과 폭력의 속박은 야수적이고 노골적이며, 의혹을 품게끔 모호하게 하거나 자기 의로 덮어 감추고자 한다. 그것은 다른 것과 마찬가지로 굴종에 지나지 않는다. 그는 마치 자신이 참으로 강한 사람인 양 두려워하거나 아첨할 필요가 없으며, 또한 마치 자신이 적대자인 양 위협받거나 실패를 비난받지도 않으며, 자신의 고귀한 의도를 칭찬받지도 않는다. 그는 다른 사람들처럼 존경을 받고, 인격적 관심을 받을 만큼 가치 있는 존재로 간주하며, 더욱 탁월하고 더욱 인간적인 방식으로 국민이나 자기 자신 모두를 위한 길을그가 나중에 알게 될 것이지만, 그것이 자신의 직무 안에 있든지 혹은 그 경계 너머에 있든지 간에 발견하고자 초대받아야 한다. 우리는 그의 일에 대한 관심을 두지 않고서 한 인간으로서 정치가에 대한 인간적 관심을 입증할 수 없다.13)

만약 의심스러운 정치인이 신앙을 고백하는 그리스도인이라면, 그 경우는 더욱 문제가 된다. 일부 전통적인 평화교회의 관점을 따른다면, 그리스도인이 어떤 모습으로든 정부기관에 참여하는 것은 비난받아야 한다. 평화교회 안의 또 다른 이들에게는 이 비난이 오로지 직접적인 군사적 역할에만 적용될 것이다. 문제는 어떤 경우라도 마찬가지이다. 정치적이고 군사적인 기관에서 크든 작든 책임을 갖는 사람이 있게 마련이고, 그가 정직하고 신실하게 예수 그리스도에 대한 신앙을 고백한다면 얼핏 보기에는 이의를 제기할 까닭이 전혀 없어 보인다. 그들의 행

---

13) Cf. below p. 21.

동, 그들이 전제하는 신념은 도저히 정당화할 수 없다고 생각할 정도로 우리와는 심각하게 다르다. 그러나 다른 많은 그리스도인이 다른 사안에 대해 다르다는 것 또한 진실이다. 다른 경우와 마찬가지로 여기에서도 '잘못한 형제'에 대한 그리스도인의 의무는 분명하다. "신령한 너희는 온유한 심령으로 그러한 자를 바로잡고 너 자신을 돌아보아 너도 시험을 받을까 두려워하라. 너희가 짐을 서로 지라……"갈6:1,2

D. 이스라엘의 거룩한 자

그동안 핵심적인 신약성서의 선포로 시작해서 이러한 문제를 일으키는 현재의 미국 사상에 대해 논의를 진행했다면, 지금부터는 성서의 또 다른 출발점, 즉 구약성서의 증언에서 출발하자. 예언자들이 왕들에게 말하고자 할 때, 그들의 메시지는 두 가지였다.

a. 우상 숭배 고발.

외국 동맹국들의 요구와 잡혼, 또는 이스라엘의 미신과 옹졸한 신앙이든 간에, 이방 신 숭배는 왕들에게는 특별한 유혹이었으나 예언자들은 극도로 혐오했다. 예언자들의 비난은 도덕적 부정행위가 아니라 영적인 불충실에 대한 꾸짖음이었다. 즉, 악행이 아니라 우상 숭배였다. 오늘날 그러한 우상 숭배는 바빌론의 천상의 신들과 가나안의 지상의 신에 대한 신앙이 없이도 가능하다. 왜냐하면, 국가 자체가 두 가지의 예배 요소를 취하기 때문이다. 아주 좋은 예가 전쟁인데, 미사일이 발사되는 시점부터 잘못된 것이 아니다. 민족주의를 우선하는 선택, 한 민족에 대한 선호, 다른 모든 국가에 대해 한 국가의 절대적 우위 주장은 이미 우상 숭배이다. 민족주의는 십계명 중에서 후반부의 계명을 위반하기 이전에 이미 처음 두 개의 계명을 위배하는 죄이다. 파시즘과 나치즘의 조야한 형태들만이 민족주의적 우상 숭배가 아니다. 현재의 문명과 민족이 역사의 의미를 품은 그릇이라고 생각할 때, 그리고 쿠바 사태에서의 미국처럼 기존의 한 나라가 자기 스스로 판사와 배심원, 그리고 집행자가 될 때, 똑같은 우상 숭배적 요구가 이미 존재하는 것이다.

b. 이스라엘과 함께하는 하나님의 역사

예언자들을 따르면, 야훼 하나님은 민족들을 창조하고 그들 각각의 자리와 운명을 부여하시고 나서도 그들의 행동에 대해 지속적인 관심이 있다. 이것은 그들 자신보다는 이스라엘을 위한 것이다. 때때로 이방 통치자들이 한 일은 이스라엘을 축복하거나특별히 이사야 40장의 고레스 혹은 이스라엘을 종종 징계이사야 10장하는 것이다. 이스라엘의 유일한 의무는 다른 수단을 동원한 방어를 포기하거나이사야 30, 31장, 심지어는 포로가 되는 것을 수용예레미야 21장하는 것이다. 이러한 사건들에 대해 침묵하시면서도 강함을 배우게 하려는 섭리가 작용한다고 받아들일 뿐이다.

비록 일부 예언들이 문자적으로 이방의 통치자들을 향해 선포되지만이사야 45장, 아모스 1, 2장, 그 예언들이 그들에게만 주어졌다고 말할 수 없다. 다시 말해, 이때의 전제는 정치인에 대한 발언이 아니라, 정치적 사건들의 의미 해석이다. 서구 사회가 기독교 왕국이Christendom라는 가면을 쓰려고 애쓰는 한, 하나님은 자신의 백성을 역사를 통해 연단한다는 점을 상기해야 한다. 만약 쿠바나 베를린 위기 상황에서 우리가 이 사건들이 교회를 정화하고 구속하기 위한 의미 있는 사건이라고 생각했다면, 우리가 당국자들에게 말하는 모습은 현저하게 달랐을 것이다.

3. 교회 증언의 형식

A. 증언으로서 교회의 실존

지금까지의 논의에 따르면, 교회는 국가가 왜 존재하는지를 국가 자신보다 더 잘 알고 있다. 이러한 이해가 교회의 발언을 정당화할 뿐 아니라, 정부의 기능을 수행하는 방식을 평가할 수 있는 기준을 제공한다. 교회가 사용하는 기준과 그 기준을 적용하고 소통하는 방식을 더욱 신중하게 논리적으로 분석하기 이전에, 우리는 교회의 삶의 기능인 증언의 여러 가지 측면을 검토하고자 한다.

교회의 신실함의 첫 번째 단계이자 교회가 앞으로 말하게 될 모든 것의 정당성을 평가하는 기준은 제자도의 기준을 교회가 순종하는 것이다. 만약 신약 시대와 마찬가지로 역사의 진정한 의미가 왕이나 제국이 아니라 교회 스스로 생성한다는 것을 교회가 분명히 안다면, 사회에 대한 교회의 첫 번째 의무와 교회의 주인 되신 주님께 대한 첫 번째 의무는 같을 것이다. 증언에 우선권을 두는 교회의 신앙은 복음전도적 행동 전통적으로 이 용어를 제한적인 의미로 이해하였지만, 그 용법은 도전에 대해 열려 있다으로 가시화되겠지만, 근본적으로는 매우 궁핍한 자를 섬기고, 그와 동시에 교회의 목적에 맞지 않는 수단들을 거절한다. 우리가 여기서 교회에 관해 말하는 것은 그리스도인 개개인에게도 타당하다. 그리스도인은 한 국가가 특정한 다른 국가를 국가의 적으로 간주하는 적대적인 태도를 보이지 않으며, 그런 편협한 의미에서의 국가를 인정하지 않는다. 예를 들어, 그리스도인이자 시민에게 전쟁을 정당화하려는 시도는후에 이것이 교회의 사역과 양립할 수 없다고 평가할 것이다 국가가 하나님의 계획 안에 머물러 있지 않고 그것을 넘어서는 것이고, 교회의 절대적 우선권을 거절하는 처사로 정직하지 않다.14)

교회는 그 자체로 하나의 사회이다. 교회의 참된 실존, 즉 교회 회원들의 형제애적 관계, 형제들 간의 필요와 다름을 다루는 방식은 정녕 사회적 관계 안에서 사랑이 무엇을 의미하는가에 관한 하나의 본보기이며, 또한 본보기가 되어야만 한다. 교회 안에서 그 증거들은 회개와 신앙의 토대 위에서만 작용하기 때문에, 이 본보기를 비기독교 사회에 곧바로 바꾸어 넣을 수 없다. 그런데도 유비analogy에 따르면, 그 본보기의 어떤 부분들은 사회의 양심을 자극하는 교훈이 된다. 언젠가 교회와 그리스도의 통치는 똑같은 하나님나라 안에서 하나가 된다. 하나님나라는 교회의 승리이며, 세상을 이겼다는 것을 의미한다. 그 나라의 성취에 대한 기대anticipation를 따라 절대적 규범으로 세상의 질서를 평가하는 것은 가능하다. 즉, 잠재적으로 승리한 질서는 잠재적으로 정복당한 질서를 판단할 수 있다. 또한, 그것은 안정된 현세의 질서를 수립하는 것조차 성사시킬 수 없는 세상과는 모순될 수밖에 없다. 예수의 하나님나라

---

14) ‘국가에 대한 교회의 우선권’은 성직주의와는 아무런 상관이 없다는 점을 분명히 밝혀야 할 필요가 있다. 이 성직주의란 조직화한 교회 자신이 국가의 기준을 채택하는 것과, 교회를 신학적으로 보지 않고 사회학적으로 보며, 역사의 의미는 정치학 안에서 발견된다는 세상적 확신을 받아들이는 것을 말한다.

선포는 열심당의 열망에서 보자면 정치적이지 않지만, 열심당과 일부 유대인, 그리고 빌라도가 자신들의 정치와 같다고 오해할 만큼 충분히 정치적이다. 그것이야말로 교회의 사회적 성격의 표현이다. 바울은 일종의 사회적 자급자족을 주장하였다. 동시에 고린도전서 6장에서 그리스도인들, 즉 '불의한 자들', '교회가 멸시하는 자', 그리고 '믿지 아니하는 자들'과 같이 다양하게 표현된 그들이 정부의 법정에서 다투기보다는 무고한 고난을 받아들이고, 교회 내부에 사법적 절차를 만들 것을 명령한다. 이것은 로마서 13장의 가르침에 관한 예리한 주석을 우리에게 제공한다.

정치적이라는 용어를 교회보다는 국가에 적용하는 근대적 용법은 논쟁의 여지가 없을 정도로 아주 잘 확립되어 있다. 그러나 성서의 사상에서 보자면, 교회는 정확히 정치적 실재이자 폴리스polis이다. 그런 점에서 근대적 이해는 왜곡을 가져온다. 신구약성서 언어에서 교회qahal, ekklesia라는 단어는 본시 그 단체body의 심의회a deliberative assembly의 정치를 가리킨다. 옛 언약에서 제의적이고 사제적인 요소들에 대한 경멸이 최근의 일부 신학에서 많이 사라졌다. 그래도 그리스도와 교회에 대한 성서 언어가 제의적祭儀的, cultic이라기보다는 훨씬 더 정치적왕국, 메시아, 새 예루살렘, 시민권(politeuma)이라는 말은 여전히 참이다. 그러므로 근본적 의미에서 보자면 교회는 진정으로 정치적이다. 다시 말해서 교회는 국가보다 더 참되고 더 올바르게 질서를 유지하는 공동체이어야 한다.15)

---

15) J. Yoder,『예수의 정치학』(IVP역간)참조. 칼 바르트는 그의 글 "Christian Community and Civil Community(기독교 공동체와 시민 공동체)"(E. T. in W. Herberg, ed. *Community, State, and Church*, Doubleday 1960, p. 149ff.)에서 신앙적 헌신에서 도출되는 교회 윤리와 낮은 기준으로 적용할 수 있는 시민 공동체를 서로 연관시키는 '유비(analogy)'의 방법을 주장하였다. 이 방법을 적용할 때,

기독교 회중의 내적인 삶이 일반 공동체에 자극과 통찰을 제공할 수 있다. 이 중요한 논점 중 하나는 사역의 다양성에 관한 성서의 이해 혹은 기독교인의 교제 내에서 책임의 공유이다. 이방 사회가 권위적인 위계 구조를 지향하는 경향과 달리, 기독교 교회 내의 평등주의는 교회의 영역을 넘어서 빛을 비춘다. 교회는 이교 사회의 구조를 직접적으로 공격하는 것에서 출발하지 않았다. 실제로 여성의 복종과 노예 제도를 시대적인 것으로 기꺼이 수용하려 했던 증거 때문에 사도 바울은 사회적 보수주의자라는 비난을 자주 받았다. 그러나 모든 회중의 구성원들이 평등하다는 것을 기독교 공동체는 경험한다. 이것은 세속적인 탈기독교적 휴머니즘이라는 우회로를 통해서 근대적 개념인 인간 권리의 초석을 놓게 되었다.

기독교 공동체의 통찰은 심지어 의인의 삶 안에서도 발견되는 권력의 유혹과 죄의 지속성을 분별해내는 현실주의realism를 통해 일반 사회에 교훈을 줄 수 있다. 복음 안에서 죄를 이길 수 있다는 확신에도, 초기의 그리스도인들과 그들의 신앙을 전수한 모든 시대의 신실한 계승자들은 서로 우정 어린 권면을 하였고, 특히 전체 회중이 지도자들의 신실함을 경계할 필요가 있다고 주장하였다. 시민의 대표자인 정치 지도자뿐만 아니라 가장 의로운 사람이라 할지라도 유혹에 넘어갈 수 있는 만큼, 이보다 더 근본적인 통찰은 없을 것이다. 민주주의 자체는 모든 인간 혹은 대부분 인간이 선하다는 것을 가정하는 휴머니즘적인 '사회 계약'의 표현이 아니다. 도리어 소수자에게 위임한 권위에 대한 감독을 조심스

바르트는 전적으로 일관되지 못하였다. 유비가 지니는 교회적 측면이 그에게 덜 중요하고, 유비가 지니는 시민적 측면에 주의를 덜 기울였다. 그러나 우리는 이러한 유비의 방법을 사용하는 의도에 관해서는 동의한다. 나의 글을 참조할 것. "The Pacifism of Karl Barth," Church Peace Mission, 1964 참조; 그리고 *Karl Barth and the Problem of War*, Abingdon, 1970.

럽게 시행하는 가장 현실적인 방식이다.

교회의 결정은 신자의 교제 안에서 함께 연구한 결과를 토대로 자유롭게 도달한 확신에 찬 합의의 표현이며, 적어도 그래야만 한다.16) 성령은 특별한 은사를 받은 소수의 개인이 아니라 넓게는 회중 전체를 통해서 발현된다. 회중의 일치는 투표자들의 수적인 다수가 아니라 규범적인 교회 생활에서 성령의 인도하심의 참된 표현이다. 회중이 결정하는 방식과 유사한 세속적인 사례는 식민지 시절의 미국 마을 회의이다. 여기서 현대 미국의 교육과 경영 회의에서의 자유로운 토론 방식에 이르기까지 정치와 사회 역사 전반에 걸쳐 회중이 결정하는 것을 발견한다.17) 기독교적 확신은 결국 그룹의 구성원들이 창조적인 능력과 권위의 발휘를 전제한다.

하나의 사회로서 교회는 내부만이 아니라 외부 세계에도 본보기가 된다. 이와 유사한 창조적인 자극이 일반 사회를 섬기는 교회의 봉사를 통해 퍼져 나가는 것이다. 가장 두드러진 사례는 학교와 병원과 같은 단체일 것이다. 이 두 단체는 기독교 역사에서 교회 안에서 자발적으로 시작한 봉사였는데 사회 전체로 확장되었다. 시대가 흐르면서 이러한 사회봉사의 유익을 세속 당국이 자신들의 책임으로 받아들인 것은 너무나

---

16) 자유교회의 '의사 결정하기(Reaching Decisions)'의 방식에 관한 가장 적합한 설명은 하워드 브린턴의 책[Howard Brinton, *Friends for 300 Years*(Harper, New York, 1952, pp. 99 ff.)]을 보라. 그가 기술한 과정은 퀘이커 전통이 특히 그것을 해석하고 유지하는 데 효율적이기는 하지만, 결코 퀘이커교에 제한되지 않는다.

17) 잘 훈련된 단체 내에서 자유교회가 무엇을 의미하는지에 관한 탁월한 해석자인 프랭클린 리텔(Franklin H. Littell)은 그것이 사회에서도 적합하다는 것을 잘 논증하였다. "기독교는 '민주주의의 정신'에 봉사하기 위해(…) 존재하지 않는다.(…) 그럼에도 자유 교회와 자유 사회 사이에는 연계가 있다. 그리고 정확히 말하면 그것은 의사를 결정하는 데 사용되는 방식이다."("The Work of the Holy Spirit in Group Decisions," *Mennonite Quarterly Review*, Vol. XXXIV No. 2 (April 1960), p. 83.

자연스럽다. 교회는 특히 교육과 의료라는 특정 분야와 사회적 관심이 요구되는 다른 영역에서 세속 권력자들도 제도화하고 일반화할 수 있으리만치 그 유용성이 입증된 창조적이고 실험적인 새로운 방식으로 사회적 필요를 채워주는 '안내자pilot' 역할을 계속 수행하였다. 국제적인 전쟁 희생자와 자연재해의 구제 사역은 정부가 관심을 기울이기도 전에 기독교 그룹들이 자원해서 떠맡았다. 젊은이들의 국제적인 자원 봉사는 평화봉사단Peace Corps이 활동하기 오래전부터 자발적인 지도력 아래서 수행되었다. 만약 교회가 이러한 봉사의 차원에 대한 소유권에 민감했다면, 아마 교회는 다른 기관에 넘겨주지 않고 유지하려고 노력했을 것이다. 다른 한편으로 만약 교회가 자신의 사역이 일반 사회의 선을 위한 항구적이고 독창적 비전임을 이해한다면, 교회는 자신의 위치에서 어떻게 증언할지를 파악하고, 그것을 즐거워할 것이다. 또한, 교회의 창조성은 교회를 긴급하게 요구하는 새로운 영역이 무엇인지를 파악하고, 그곳으로 움직이게 한다.

기독교 교회는 무엇보다도 성직 제도나 회의 단체가 아니다. 도리어 많은 교단에서 사용하는 언어인 '평신도layman' 라고 불리는 사람들이 주인인 모임이다. 이들은 자신들의 생계를 유지하고, 가족을 사회에서 보존하면서도 사회와 일차적으로 접촉하고 사회에 복음을 증언한다. 평신도 기독교인들은 분명한 확신을 하고 유행하는 행동 양식에 순응하기를 거절하는 첨병이다.

상대적으로 뚜렷하고 극단적인 불화의 형태는 양심에 따른 병역 거부이다. 이는 특정한 위험과 희생을 기꺼이 감수해야 하는 극히 중요한 이슈이다. 이들의 협력 거부는 적어도 각 개인에게, 때로는 그 집단 밖에 존재하는 개인들에게 항상 근본적인 도덕적 정언 명령이 존재한다는 증거가 된다. 그러나 그리스도인들이 문제 해결에 나서고, 자신의 직업과 비공식적인 공동체 조직에 참여하는 방식으로 건강한 사회를 창조하는 데 돕고, 바로 그렇게 사회생활에 '양심적 참여'를 하는 것 역시 적절하다. 특히 풀뿌리 차원의 도덕적 가치를 만들고 사회를 체계화하는 일에 공헌할 수 있다고 믿는 사람들에게는 그것이 가능하다. 의료계나 사회복지사들은 '사건'을 인격으로 변화시킬 수 있으며, 실업가들은 직접적인 수입과 상관없이 공동체를 효율적으로 봉사하며, 교사들은 세부적인 커리큘럼 이면에 있는 실제적인 문제들에 대한 자신의 이해를 젊은 세대들에게 전달할 수 있다. 노사 관계와 관련된 종사자들은 최대의 이기적인 이익이 아니라 '올바른' 해답을 추구할 수 있다. 톱니바퀴의 날 같은 관료 사회나 회사 조직의 일원은 자신에게 맡긴 일보다 더 많은 책임을 감당할 수 있고, 자신이 선한 이웃이 되어 관료 사회의 성격을 변화시킬 수도 있다.

교회가 모델 사회가 되어 그리스도인의 신실함을 제일 첫 자리에 두는 암묵적인 증언 외에도, 기독교 모임은 그 구성원이 아닌 그룹의 사람들이 일반적으로 수용하는 도덕적 기준을 발전시키는 데 간접적으로나마 엄청난 공헌을 할 수 있다. 헌신한 교회 회원이 아닌 청년들에게 부분적으로 기독교 교육을 제공함으로써, 정직하고 근면한 그리스도인이 준수해야 할 사회적 가치를 통해서, 어떤 사회적 악에 참여하기를 거부함으로써, 영적이거나 논리적 헌신을 하지 않아도 되는 일반적인 도덕적 가치에 기독교적 정신은 점차 스며드는 도덕적 삼투압이 생겨날 것이다. 물론, 꽤 오랜 시간이 걸리겠지만 말이다.

그런데도 우리에게 할당된 과제는 국가가 작동하는 방식에 교회가 어떻게 좀 더 직접적으로 영향력을 미칠 수 있는가를 연구하는 것이다.

우리의 연구는 정치인을 포함하는 각 개인을 전도하는 일반적 의무와 관련이 없고, 정부에서 책임 있는 관료로 일하는 기독교인이 되는 것을 전제하지 않는다. 다만, 부활하신 그리스도가 모든 세상을 다스리시는 주님이라는 고백이 우리가 국가에 대해 발언을 하는 이유를 제시하며, 국가가 계속 존재한다는 성서의 증언은 우리로 하여금 명확한 기준을 가지고 증언하게 한다.

교회가 참된 모범이 되고, 교회의 내적 삶과 세상에 대한 봉사를 통한 암묵적인 증언 외에도, 특정한 주제에 관해 발언하고 정치가들을 비판하는 증언에는 교회의 경험이 분명하게 묻어나야 한다. 이것이야말로 우리가 여기서 말하는 증언과 교회와 여러 교회 기관들이 애를 쓰는 전통적인 의미에서의 '로비'를 명확하게 구분하게 한다.

1. 국가에 대한 증언은 교회의 분명한 확신을 나타내야 한다. 국회의 원들과 장관들은 유권자들을 직접적으로 대변하지 않는 교회의 대표자들과 유권자들의 공적인 의견을 솜씨 있게 처리하는 정부 관리와 함께 수많은 일을 처리한다. 정부에 보낸 대표들이 그들이 공유하는 확신을 솔직하게 표현하지 않으면, 그것은 효과적이지도 못할뿐더러, 그들의 정직성에 대해 의심마저 품게 된다.

2. 교회의 증언은 자신의 행동과 일치되어야만 한다. 오로지 교회가 주어진 문제에 대해서 논리적이고 윤리적으로 일할 때에만 교회는 타자에게 말할 권리를 갖는다. 인종을 차별하는 교회는 국가에 대해 인종 차별 정책을 폐지하라고 절대 말하지 않을 것이다. 그것은 인종차별이 금기였던 시대와 지금도 다를 바 없다.18)

3. 교회는 무언가 할 말이 있을 때에만 발언해야 한다. 도덕적으로 중요한 모든 주제와 그 주제의 전 영역을 다루는 책임감을 느낄 필요는 없다. 명백하게 도덕적인 문제이거나 남용은 교회는 억지 춘향으로 참여해서는 안 된다. 열정적으로 참여하는 것은 정당하다. 미국의 교파 체제로 제한하여 말하자면, 탁월한 농촌 교회가 농가 문제를 발언하는 데 특별한 책임감을 느껴야 한다는 것은 당연하다. 그리스도인 농부들이 지나친 이기심으로 농업 문제에 압력을 행사하는 것과는 구별되는 방식으로 말할 것이 있을 때에라야 그 발언은 진정한 가치를 지닌다. 다시 말해서 국외 원조에 뛰어난 경험을 가진 교단은 다른 이들이 할 수 없는 방식으로 잉여 상품을 분배하는 것에 관해 말할 수 있다. 마찬가지로 청년들을 국외 자원 봉사자로 활용하는 데 탁월한 교회에도 적용된다. 수감자 갱생을 위해 일하는 교회는 감옥 상태나 가석방 법규에 관한 좋은 아이디어가 있으면, 발언할 수 있는 도덕적 권리를 가진다. 좀 더 안정되고 통제가 더 잘 되는 공동체에서 일하는 그리스도인보다는 좀 더 구체적으로 도시에서 사역하는 그리스도인들이 복지 행정의 남용이나 도시의 재개발, 감옥의 관리에 관해 말하는 것이 지극히 정상적인 일이다.

---

18) "교회 또는 그 구성원을 결속시키는 규율(예를 들어 평범한 옷, 금주, 양심에 따른 병역 거부에 관한 규율 등)이 있는 또 다른 자유로운 단체들은 그들이 경험하고 발견한 선에 대한 (법에 의한) 일반적 규율에 따라 동료 시민 앞에 증언하고 권고할 권리가 있다. 만약 다른 계층의 시민이 강력하게 반대한다면, 그러한 법률이 현명한가는 다른 문제이며, 반드시 공공토론을 통해 다루어져야 한다. 그러나 금주법이나 반진화론 법의 경우는 이 요구가 이행되지 않는다. 다시 말해 교회 안의 정치인들은 자신의 공동체 일원들이 현명하든지 아니면 바람직해서 그런지 간에 설득할 수 없게 되자, 그들을 공적인 입법으로 보호하려고 시도하였다. 개신교의 정치활동이 증언의 진정성이 없고, 탁월한 규율이 부족하고, 그 결과 궁극적으로 불신을 가져왔기에, 오늘날 교회들은 공공 삶에서 권위를 회복하지 못하였다." Franklin H. Littell, *From State Church to Pluralism*, Doubleday, 1962, p. 120.

B. 교회의 사회적 증언과 개인에 대한 증언의 관계

복음주의 전통을 가진 미국 교회 안에 오랫동안 확립되어온 전통은, '전도'를 한편으로는 각 개인을 회개와 믿음, 그리고 침례를 받게끔 초청하는 의미로 엄격하게 이해한다. 다른 한편으로는 교회의 사회적 영향을 포함하여 교회의 다양한 종류의 예배, 발언, 그리고 행위를 의미하는 것으로 아주 정확하고 깔끔하게 구분한다. 이러한 구분은 일부 사람들에게 특정한 연대기적 순서 안에 교회의 사회적 책임이 위치하는 것으로 인식하게 한다. 다시 말해, 개인 전도를 통해서 먼저 변화되면, 그 다음에 그는 정치적으로 영향력을 발휘하는 사람이 된다는 것이다. 다른 사람들은 같은 구분을 아주 다르게 사용한다. 이들에게 인간의 진정한 필요는 무엇보다도 신앙에 헌신하는 것이다. 따라서 교회는 신앙에 우선적인 관심을 두어야 하고, 모든 도덕적 이슈들에 관한 사회적 발언과 혼동해서는 안 된다고 주장한다. 그러나 여전히 일부 다른 사람들은 '복음 전도' 사역이 우선한다는 것과 정치 세계를 향한 발언이 이차적이거나 파생된 의무라고 인정하는 것 사이에는 그다지 모순은 없다고 말한다.19)

이러한 구분은 필요하다. 사회질서에 대한 교회의 증언은 이미 신자가 된 그리스도인 혹은 교회의 도덕적 지시를 따르는 개인의 숫자에 의존하지 않는다고 말해야 한다. 교회의 증언은 대부분 위정자가 헌신한 복음적 그리스도인이 아니라는 것을 깨달아야 한다. 그럼에도, 교회가 그들에게 제시하는 윤리적 지침은 계시에 근거한 주장이라는 인식을 한

---

19) 그러한 구분은 이 연구의 처음 부분에서 인용한 텍스트에서 전제되어 있다.(1장의 Note 1) 이 페이지들이 다루는 논쟁은 1장에서 다룬 입장에 대한 것이 아니라 그 용어에 대한 것으로 바로 잡아야 한다.

결같이 이해할 필요가 있다. 이 구분은 신자의 교회believer's church, 교회와 국가의 분리, 그리고 정부의 일상적인 과정과 책임 있는 비폭력적 저항 운동이 불일치한다는 성서의 가르침을 보호하는 데 필요하다. 모든 기독교 신자들은 자신의 진정한 신앙고백을 따라 살아야 하는 제자도 윤리와 일반 사회의 사람들에게 요구되는 상대적으로 신중하고도 자기 본능적 한계에 갇혀 있는 정의의 윤리와의 차이를 명확하게 구분할 필요가 있다. 가장 조악하고, 종말을 고하는 신학적 자유주의와 더불어 어쩌면 영원히 추방되어야 한다고 생각하는 사람들의 오해에서 벗어나기 위해서라도 이 구분은 필요하다. 그러나 그것은 여전히 잠재된 유혹이다. 이를테면, 하나님나라의 복음을 인간의 마음과 생각을 변화시키는 사회적 개선과 동일시하려는 경향을 피하는 데 필요하다.

이것에 관해 말할 때, 양자를 구분하는 언어의 사용은 깊이 의심해 볼 만한 여지가 여전히 남아 있다. '복음gospel'이라는 용어를 개인들에게 복음을 전하여 초청하는 '전도evangelism; 복음주의'의 의미로 제한하는 것은 현대 미국 영어의 사용법에 깊이 뿌리를 두고 있지만, 그것은 성서적이지 않다. 한 개인에게 그 자신의 인격적 죄책감과 삶의 방향과 관련해서 회심하도록 요청하는 증언은 성서적으로 말하자면 전도이고, 그룹이든 개인이든 그들의 성향을 변화시키고 그들의 직무 속에서 하나님이 원하는 것을 행하는 사회적 책임을 감당하는 증언은 서로 다른 별개의 것이 아니다. 우리는 통속 헬라어인 유앙겔리온euangellion의 의미 혹은 침례 요한과 예수, 그리고 예수의 칠십 명의 제자, 오순절의 교회가 계속 선포했던 "하나님의 나라가 가까이 왔다"는 메시지를 살펴보아야 한다. 또는 이 메시지를 구약성서의 예언과 대조하면서 비교해야 한다. 각 경우에서 세상에 전해진 좋은 소식good news은 사람들의 관계 사이에 있는 하나님의 통치와 관련 있다. 단지 죄의 용서나 개인의 중생만을 말하지 않는다는 사실은 분명하다. 이 복음의 메시지에 순종하는 신앙으로 응답하든지 혹은 거절하든지 그 결단을 각 개인이 내려야만 한다는 것은 명백하다. 그러나 복음 선포에 개인이 반응하는 것에 관심을 기울이는 것으로 복음의 본디 사회적 차원을 은폐하는 것이 절대 정당화되지 않는다. 두 세대 전의 '사회 복음' 의 잘못은 그것이 사회적이었기 때문이 아니라 복음의 확실한 차원이 모자랐기 때문이다.

모든 커뮤니케이션은 개인에게 말해지며, 개인의 반응을 요구한다. 심지어 수천 혹은 수백만의 사람을 상대로 하는 대중매체라는 수단을 통한 커뮤니케이션도 개개의 청취자, 독자, 시청자들로부터 특정한 반응을 요구하는 방식으로 듣고 읽고 보일 때에만 진정한 의사소통을 할 수 있다. 우리는 사회나 국가를 일종의 거대하고 무질서한 대중과 같은 어떤 것으로 생각해서는 안 된다. 오히려 들은 것에 대해 스스로 반응하는 수많은 개인으로 이루어져 있다.

이처럼 한 집단에 속한 사람들에게 말하는 대신에 현재 정치가들의 도덕적 책임감을 향해 직접적으로 발언한다고 해도 바뀌는 것은 없다. 정확히 말해 우리가 전달하는 메시지는 복음의 형식과 요소에서 비롯되었다. 때문에, 무엇보다도 우리가 관심을 두는 특정한 정치적 이슈가 무엇이든지 간에, 정치인은 먼저 자신의 안녕에 관심을 두고 우리와 대화를 한다는 점을 인식해야 한다. 비록 우리의 시각으로 보자면, 정치인의 높은 이상조차도 기독교 제자도의 비전에 턱없이 부족하더라도, 일차적으로 정치인 자신의 도덕적 기준에 따라 자신의 도덕적 온전성을 평가하도록 주의를 기울여야 한다. 따라서 정치인과의 의사소통은 어떤 점에서 목회적이다. 이를테면, 각 개인은 인격으로, 하나님의 목적으로 대우받을 권리가 있다. 하나님의 의로움이 함축하는 바를 그에게 말해 줄 때 그는 심판받을 존재일 뿐만 아니라 존경도 받아야 한다는 것이 전제이다.

따라서 비폭력적 저항교회nonresistant churches의 그리스도인들은 정치인들이 신실한 그리스도인들처럼 섬기지 않는다는 것을 잘 알고 있다. 그래서 그들이 책임 있는 위치에 있다고 해도 함부로 말하지 않는다. 보수적인 메노나이트 전통뿐 아니라 우리 시대의 아주 존경받는 사상가들도 비폭력적 저항에 헌신하는 제자도는 사회에서 책임 있는 기독교인에게도 적절하게 말할 것이 별로 없다고 주장한다. 그렇다면, 다음과 같은 생각을 우리의 출발점으로 삼는 것에 동의하도록 하자. 즉, 비폭력적 저항 그리스도인이 높은 수준에서의 책임 있는 정치인이 될 수 없다는 것 말이다. 이것은 어떠한 유보조건도 없는 진실이다.[20] 그가 이러한 관점으로 정치인을 판단할 만큼 자유롭다는 뜻은 아니다. 정치인은 같은 경험을 하지 않았고, 같은 정보나 같은 우선순위에 헌신하지 않았기 때문이다.

사실 그는 이것을 다른 교회에서뿐만 아니라 세속적인 교육에서 받아들였다. 그들은 평화주의자의 비전을 주변 사회에서 수입한 하나의 총체적인 영적 표지로 간주했고, 그리하여 현실에 적용하는 것이 전혀 불가능하다는 확신을 하게 된다. 책임 있는 정치인이 비폭력적으로 저항하는 신자들의 정보 혹은 헌신을 공유하지 못한다는 사실이 오히려 그에게 말을 해야 할 근거가 된다. 이 사람이 일반적으로 비난받을 만한

---

20) 고든 카우프만(Gordon Kaufman)은 이것은 그러한 사례가 아니라고 주장한다.(The Context of Decision, Abingdon, 1961, pp. 110ff.; 그리고 *Concern* No. 6, 1958, pp. 19ff.) 불행하게도 카우프만은 비폭력적 저항 그리스도인이 추구하는 책임의 본질과 한계, 그리고 이유에 관한 진지한 평가를 충분히 정확하게 설명하지 않고 있다.

사상이 아니라, 더 감성적이거나 교양 있는 기독교적 양심이 허용하지 않는 활동에 참여한다면, 복음에 대해 반응하는 과정 안에서 그는 자신의 직무가 자신의 신앙과 서로 양립될 수 없다는 결론에 이른다. 그러나 처음부터 이 결론에서 시작하는 것은 부당하다. 대화를 시작하기도 전에 그에게 이 논리를 부과하는 것은 무리이다.

그 수준이 무엇이든지 간에, 우리는 정치인에게 발언하려는 노력을 연구해야 한다. 그리고 그 정치인이 복음을 받아들여야 한다고 요구한다. 앞에서 말한 대로 개인 전도와 사회 비판을 형식적으로 구분하는 것, 즉 한편으로 복음과 개인적 회심으로의 초대와 다른 한편으로 복음을 거절하는 사람들에게도 적용할 수 있는 알맞은 도덕적 기준을 구분하여 적용하기란 쉬운 일이다. 이렇게 되면 우리가 공직자들에게 예수 그리스도를 믿도록 먼저 요청하고, 증언은 다음에 할 일인 양 잘못 생각하게 된다. 그리하여 그가 원하지 않는다고 말하면, 우리는 그에게 계속 간청할 수밖에 없게 된다. "자, 그럼 좋습니다. 그러나 당신은 적어도 도덕적으로 공평하고 정직한가요?" 우리는 그가 현재 이용 가능한 선택과 복음을 연결하여 달라고 요구한다. 그렇게 한다고 복음이 복음이기를 그치는 것은 아니다.

오히려 복음은 그의 현재 상황, 이를테면 그가 처음 불순종하면서 광범위하게 퍼지게 된 상황과 관계가 있다. 예를 든다면, 한국전쟁에서 하급 장교가 제네바 협정에 따라 전쟁 포로를 대우하였는지 의문을 갖거나, 혹은 알제리에서 프랑스의 정보 장교가 무고한 용의자를 고문하지 않았나 하는 의심을 품고 항의하는 것은 (비록 그의 현재 군사 활동과 군사의 정의라는 시각으로 그를 파악한다고 해도) 비싼 대가를 치를 각오가 필요하며, 그에 따른 고난과 질책을 받게 될 것이다. 그러나 그는 회개하고, 신앙의 도약을 이룰 수도 있다. 오로지 성령의 능력과 예수 그리스도의 이름 안에서 가능한 방식을 선택한다. 따라서 그를 이러한 제자도로 초대하는 것은 양심에 따른 병역 거부자가 따르는 기준과 다르다. 이를테면, 양심에 따른 병역 거부자가 따르는 기준이란 자신이 말한 대로 참여하고, 메시지에 참여하는 만큼 행동하고, 그리스도인의 순종이 함축하는 바를 통해 그가 처한 자리에서 각자가 생각하는 시간의 범위에서 행동하는 것이다. 올바른 방향 속에서 어느 한 단계가 한국에 있는 군 장교로 하여금 궁극적으로 완전한 헌신, 중생 그리고 교회 회원이 되는 경험은 결국 알코올 중독자가 회개하고 믿음의 결단을 했는지를 판단하는 것과 마찬가지로 더는 의심의 여지란 없다. 그런데도 온전하고도 분명하게 표현을 하지 않았기 때문에 그 누구도 그가 공언한 신앙을 거부하지 않는다.

C. 민주주의

이 연구의 목적은 비폭력적 저항 자체가 옳다는 사례를 논증하기보다는 신약성서가 말하는 비폭력적 저항의 관점에서 국가에 대한 발언이 가능한가를 설명하는 것이다. 이 때문에 민주주의가 발전함에 따라 사회적 책임의 맥락이 변해서 성서의 관점이 틀렸을 뿐 아니라, 오로지 루이 14세만이 말할 수 있었던 "짐이 곧 국가이다"를 모든 시민이 주장하는 사회에서 성서의 입장은 사실상 부적절하고 터무니없다는 최근의 극단적인 주장을 정밀하게 검토하려는 것이 아니다.

그러나 널리 믿는 바와 달리 민주주의 정부가 근본적으로 새롭다는 명제는 역사적으로나 신학적으로나 그다지 확신할 수 없다는 점만은 분명히 지적해야겠다. 어떤 사람들이 다른 사람에게 권력을 행사할 때, 부분적으로는 개인적인 이익이 있고, 부분적으로는 덜 이기적인 목적이 있다는 것은 여전히 사실이다. 많은 종류의 사회에서 다른 형태의 정부보다 민주주의를 더 선호한다. 민주주의 사회라 할지라도 일부 사람들이 무력을 행사하고, 다른 사람은 그렇지 못하다는 사실은 절대 변하지 않는다.

만약 우리가 민주주의란 근본적으로 새로운 종류의 사회 질서라는 신화적 설명을 거부할 수만 있다면, 권력을 행사하는 자들에게 발언할 여지가 헤아릴 수 없이 많아지고, 그것을 기쁘게 여길 것이다. 즉, 권위의 탈중심화, 지역 유권자들의 지방의원 선출, 그리고 권위의 남용에 관한 헌법과 사법의 통제는 절대왕정 시대보다 훨씬 더 진지하게 비판을 경청하도록 힘을 행사하는 요소들이다.21)

---

21) 이 책에 나타난 신약성서의 교회론이 지향하는 바에 관한 가설은 협의의 연구목적들에 의해 제시되었다. 이 견해가 직면해야 할 도전들에 대한 인식이 부족한 것은 아니다. 이 도전 중 일부는 신약성서의 전략이 더는 가능하지 않거나, 효과적이지도 않으며 또는 사회적으로 책임 있는 자세가 아니라는 논증들처럼 논리적으로는 간접적이다. '가능한', '효과적', '책임 있는' 등의 개념은 신약이 말하는 사안들을 판단할 가치를 지니고 있다. 그러므로 그 개념들의 논증은 성서의 권위의 본질과 성육신의 적절성을 명료하게 하려고 철학적 신학으로 여행하는 것이다.
역사적 기초가 있는 일부 주장들은 덜 간접적이다. 이 주장 중에서 가장 진지한 것은 아마도 로마제국과 유럽의 공식적인 종교로 기독교를 받아들여 아주 다른 사회 질서를 만들고자 했던 요구였다. 이 이슈에 관해서 우리는 "The Otherness of the Church," *Mennonite Quarterly Review*, Vol. XXXV, Oct. 1961, p. 286ff에서 살펴보았다. 그런데도 여전히 다른 사람들은 경제, 교육, 사회복지에 더 깊이 개입함으로써 국가에 변화를 가져와야 한다고 주장한다. 물론 그 나름의 깊이가 있지만, 우리가 주장했듯이 국가가 칼을 가지고 활동하는 것의 의미를 변경하지는 못한다. 민주주의 발전으로 생긴 정치의 유일한 변화들만이 현재의 논법과 어울린다. 여기에서 그들이 생각하는 것처럼 큰 변화가 있는지도 이의를 제기할 수 있다. 비록 법적으로는 장원 영주의 노예이지만, 중세 농노는 시기적절한 지역 봉기로 중요한 양보를 얻어내기도 했다. 반면에, 오늘날의 유권자들에게는 종종 아무런 실제적인 선택권을 주지 않는다.

국가가 칼을 어떻게 사용할지를 결정할 때, 선거 과정과 (특히 관료주의의 과도한 권력이 가장 두드러지게 나타나는 국가적 차원인) 통상적인 입법 절차가 최종적이고 책임적 참여가 아니라는 점을 올바로 이해해야 한다. 도덕적으로 비난받을 결정을 집행하는 경우에는 더욱더 그렇지 않으며, 그러한 것들은 오히려 주민들이 좋아하는 것과 싫어하는 것을 알게 하는 데는 어느 정도 효과적인 방식으로 보는 것이 적절하다.

투표자 스스로 진정으로 정당한 결정이라는 생각을 하려면, 유권자에게 선택 가능한 모든 것을 제시하고 결정하는 것이 필수적이다. 양당 체제는 결코 이럴 때 포함되지 않는다. 양당 체제에서 유권자들은 민주주의 원칙에 따른 투표가 아니라, 두 개의 경쟁적인 소수 독재 정치 중에서 덜 반대할 만한 것을 선택할 뿐이다.

참정권을 정치적 권한이 있는 사람들과의 의사소통의 수단으로 이해하는 것은 기독교의 증언이 얼마나 심각하게 타협하고 있는가를 분명히 보여준다. 다시 말해 대부분 그리스도인에게 어떻게 투표할 것인가의 결정은 정부 당국에 신중하게 무엇을 말하는 수단이 아니다. 도리어 투표 기권 결정이 의사 전달의 한 방법인데도 좀처럼 평가받지 못하는 것과 같다.

이는 선거 과정의 참여가 권력 갈등과는 실질적인 연관이 없다고 주장하려는 것이 아니다. 정치적으로 행동하는 많은 사람에게 권력 투쟁은 다분히 의도적이다. 예컨대, 로마 가톨릭교회가 특정한 한 정당을 선호할 때 분명하게 나타난다. 그것은 권력자들에게 발언하는 것이 목적이 아니다. 오히려 정치적으로 강력해지려는 것이고, 자신의 목표와 이익을 달성하려고 권력을 행사하려는 것이다. 이것이 정치적 행위의 의도라면, 그 행위의 실제적 효과뿐만 아니라 의도에 관해서도 판단해야만 한다. 그러므로 우리는 자신들의 종교적 비전을 충족하기 위해 권력 획득을 추구하는 자들은 신약교회와 절대 일치하지 않는 전략을 (아마도 의도적으로) 선택했다고 분명하게 말할 수 있다.

그렇다고 그것이 현재 우리의 주장을 바꾸지는 못한다. 다시 말해 입법과 선거 과정에의 참여가 무력 사용에 동참하는 것과 다를 바 없다는 생각은 그릇되고, 신약의 비폭력적 저항의 관점을 전혀 타협하지 않으면서도 그것이 본래 의미하는 대로 선택적으로 의사소통의 수단으로 활용하는 것은 가능하다.22) 사실상 유권자뿐 아니라 의원들조차도 만약 재당선이나 권력을 더 갖는 것에 관심이 없다면, 권력을 가지려고 정부 요직을 맡는 것보다 정부를 향해 타협 없이 발언하는 자리로 생각할 것이다. 그러한 비폭력 저항을 견지한 후보자를 선출하거나, 그 상황 속에서 자기 노력을 쏟아 부어 좋은 청지기로서 활동하는 것은 별개의 차원이다. 의원직을 원하거나 차지하는 것에 반대하는 결정으로 이끌 수 있다. 아마도 같은 관심과 전문지식을 더 생산적인 곳에다 투자하여 뭔가 얻고자 한다면, 차라리 저널리스트나 로비스트가 낫다. 그러나 그 기능을 어떠한 타협도 없는 것으로 생각하기 십상이다. 이러한 이해는 무력

---

22) 징집된 젊은 청년 중에서 양심에 따른 병역 거부자의 신분을 결정하는 지방 법정의 어떤 사람들이 투표는 그가 참여하는 정부가 속해 있는 국가를 방어하기 위한 의무에 기쁨으로 헌신하는 병역징집자의 특권이라는 주장을 한다. 우리는 선거에 대한 그러한 이해가 정치적으로 현실적이지 못하다고 본다. 그러나 만약 어떤 이웃이 큰 확신 가운데서 그것을 주장한다면, 그리고 증인으로서 선거에 대한 우리의 이해가 이웃의 견해를 존중해야 하는 것을 포함한다면, 비폭력적 저항 그리스도인들의 선거참정권 포기는 가능하다. 이것은 비폭력적 저항이 본래 잘못되었다거나 일관되지 못했기 때문이 아니라, 도덕적 일관성이 없는 사람들에게 선거에 참여하는 것이 그들을 돕는 것으로 보일 수 있다는 데서 범죄행위가 되기 때문이다. 아직도 다른 나라들에서는, 특히 '민중 민주주의(peoples democracies)'를 표방하는 나라들과 라틴 아메리카의 국가 일부에서는 투표는 법적인 의무이다. 그런 곳에서 로마서 13장의 "복종"의 공식적인 결과는 아마도 투표하는 것일 것이다. 다시 말하면, 기권은 처벌의 대가를 치러야 하며 정부의 불의에 대항하는 공식적인 저항의 통로가 될 것이다.

사용을 피하는 그리스도인이 일관성을 지니고자 한다면 정치적 과정에서 완전히 물러나야 한다는 암묵적 비난을 수정해 줄 것이다.

참정권이 증언의 경로라는 것을 진지하게 받아들인다면, 실제로 벌어지는 이슈들에 관해서 그리고 투표와 기권 모두가 지닌 의미에 관해서 훨씬 더 진지한 연구를 할 수 있다. 만약 기독교의 증언이 진리보다 더 혼란스러운 증거가 아니라면 이상적으로는 공통적인 숙고와 행동이 필요하다. 실질적인 이슈가 없거나 또는 기독교적 형제애를 굳이 말할 필요가 분명히 보이지 않을 때, 부패한 정치가들이 유권자들에게 괜찮은 선택 사항을 주지 못할 때, 이에 대항하는 증거로 기권은 많은 경우에 확신이나 정보도 없이, 그리고 감상적이거나 이기적인 이유로 투표하는 것보다 훨씬 더 책임 있는 행동이 될 것이다.

4. 윤리 이론에 대한 일반적 숙고

A. 교회와 세상, 그리고 이원성의 자리

그리스도인들이 국가에 권고하고 비판하는 유형을 주제로 토의하기 전에, 우리는 방법론에 포함할 태도와 방법을 논의해야만 한다.

국가에 대한 접근방법 중 가장 중요한 공리는 '기독교 윤리학은 기독교인을 위한 것'이라는 분명한 인식이다. 이 말은 결코 무익한 동어반복이 아니다. 위에서 지적한 것처럼 서구 세계의 주요한 윤리 전통에 따르면, 기독교의 도덕적 기준은 하나님의 의지를 반영하기 때문에 모든 사람과 사회 전체에 동등하게 적용한다는 확신을 일반적으로 주장하였다. 만약 우리가 "기독교 원리는 사회질서에 적절한가?"를 묻는다면, "아니요!"라는 대답은 불가능해 보인다. 왜냐하면, 그것은 하나님과 세상의 단절을 의미하기 때문이다. 다른 한편으로 만약 우리가 "그렇다."라고 간단히 대답한다면, 강제적이든 혹은 설득에 의해서든 기독교의 도덕 기준들을 모든 사회에 부과하는 것은 불가피한 결론으로 보인다.

교회와 세상의 관계에 대한 신약성서의 견해가 초기 아나뱁티스트와 퀘이커들에 의해 다시 새로워졌다. "기독교 원리는 사회질서에 적절한

가?"라는 질문은 그 단순성을 오도한다. 그 질문은 윤리적 진리 안의 영속적이고 객관적인 요소를 일종의 실체 없는 원리로 전제하기 때문이다. 그 결과 이 원리들은 더 깊은 성찰도 없이 한 준거 틀에서 다른 준거 틀로 뒤바뀔 따름이다. 이것이 도덕주의의 오류이다. 선善은 변덕이나 순간의 직관에 의존해서는 안 된다는 주장은 우리가 사는 실존주의와 상황주의contextualism 시대에 꼭 필요하고, 그러한 상황에서 원칙을 옹호하는 주장은 여전히 가치가 있다. 그러나 더 많은 경우도덕적 선택은 실존이나 상황보다는:옮긴이주 도덕적 행위자의 정체성에 의존한다. 기독교 윤리학은 기독교인을 위한 것이다. 만약 그리스도인이 원한다면, 기독교는 사랑과 회개의 성향, 기꺼이 희생하고자 하는 의지, 그리고 그것을 가능케 하는 성령의 능력과 교회의 교제 안에 존재한다. 그런 점에서 기독교 윤리학이 기독교인을 위한 것이냐는 차치하고, 비기독교인이나 비기독교 사회가 기독교인처럼 사랑하고 용서하고, 더 나아가 기독교인처럼 반드시should 행동해야 한다는 것은 사변적인 질문일 따름이다. 영적 자원이 구원에 합당한 행위를 가능하게 만든다. 때문에, 그러한 자원이 결여된 상황에서는 그러한 행동을 하게 될 실질적 가능성은 매우 빈약하다.

따라서 그리스도인이 주변 사회에 발언할 때 반드시 계산에 넣어야 할 것은 근본적인 이원성이다. 그것은 사회적 제도로서 교회와 국가의 차이가 아니며, 얼굴과 얼굴을 대하는 상호 인격적인 관계와 큰 그룹의 관계 간의 차이도 아니며, 율법주의와 '임기응변으로 처리하는 것' 간의 차이도 아니다. 비록 이러한 차이들도 포함되겠지만, 정작 중요한 차이는 윤리적 메시지의 선전제이다. 즉, 신앙과 불신앙의 차이이다. 그리스도인 형제들에게 유일한 규범으로 선포하는 기독교의 언명은 예수 그리스도이다. 그것의 적합한 토대는 형제가 말하는 바에 대한 믿음으로 드리는 헌신이다. 신앙 공동체 밖에서 이러한 선전제는 오직 그에 대한 그리스도의 객관적 요구이므로 개인의 헌신에 관해 말하거나 이의를 제기할 수 없다.

앞으로 이 점에 관해서 살펴보겠지만, 기독교 윤리 사상은 일반적으로 사용되는 두 가지 방식 중 하나를 통해서 사회 문제에 접근한다. 하나는 이중적 접근이다. 역사적으로 '위임mandates'과 '권고counsels'를 구분하는 로마 가톨릭이나 '두 왕국' 더 좋은 표현으로는 '두 정부'을 주장하는 루터교가 전형적인 방식이다. 이들은 사회를 운영하자면 그리스도의 의로움에는 미치지 못하는 도덕적 기준이 필요하다는 것을 누구보다도 잘 안다. 그러나 적어도 어떤 기독교인들 혹은 기독교인 생활의 특정한 부분은 왜 그리스도인의 행동을 안내하는 기준을 낮게 설정하는지를 적절하게 설명하여야 한다.23)

청교도 전통은 이처럼 지나치게 죄의 여지를 많이 허용하는 이중적 관점을 반대하고, 모든 사람과 모든 상황에 적용할 수 있는 단일한 윤리적 기준을 주장하는 경향이 있다. 윤리학에서 임마누엘 칸트는 청교도 전통의 전형이다. 그는 모든 사람에게 적용할 수 있는 시금석으로서의 같은 도덕적 규범을 '정언명령'과 일치시킴으로써 그 가능성을 확립했다. 주어진 가치가 모든 사람이 추구해야만 하는 가치라고 말할 수 없다면, 심지어 자기 자신에게도 정당한 목표가 될 수 없다고 그는 주장했다. 칸트의 의도는 분명하고 이해할 만하다. 그는 타당한 도덕적 명령은 보편적이고 객관적이라고 주장한다. 그는 개인에게 의존하지 않는 명령

---

23) 이 문제에 관한 전형적인 접근방법론은 더욱 완전하게 비교를 해 놓은 도표로 설명한 것을 참조하라. Ch, 7, p. 60ff.

을 추구하였다. 그러나 신약성서의 설명을 따르면, 선을 아는 것과 선을 행하는 것에 관해서 기독교는 개인적인 회개, 용서 그리고 중생에 의존한다. 현실주의는 우리가 사회를 향해 자유롭게 발언할 때 가정하는 개인적 지향을 허락하지 않는다.

전통적으로 자유주의적 평화주의는 전쟁은 잘못이므로 일어나서는 안 된다고 주장한다는 점에서 청교도 전통과 궤를 같이한다. 이들은 산상수훈과 전쟁이 양립할 수 없다는 사실에서 출발한다. 정치인들에게 본시 산상수훈은 현실적으로 가능하다는 점을 알아달라고 요구할 수 없고, 기준으로 제시할 수 없다. 이는 평화주의자들이 산상수훈을 오해했기 때문이 아니다. 산상수훈의 선전제, 이를테면 윤리적 결단을 내리는 헌신한 하나님 백성의 믿음과 동떨어진 영역에서 정치인들이 활동하기 때문이다.

청교도 전통은 도덕적 기준을 모든 종류의 사람들에게 적용하려는 시도를 통해서 이중적 접근의 반대편에 서 있는 것처럼 보인다. 그런데도 깊은 의미에서 양쪽 견해는 서로 일치한다. 양자는 사회를 위한 도덕적 기준을 발견하는 데 관심이 있다. 그들은 자신들의 사회가 어떤 곳인지 알고 있으며, 사회나 국가가 반드시 직면하는 윤리적 문제에 직접적으로 적용할 수 있는 일련의 기준이 존재한다고 생각한다. 평화주의자들은 산상수훈의 기준들이 유일한 기준이며, 따라서 국가는 산상수훈에 반드시 순종해야 한다고 말한다. 칼빈주의자들은 적용 기준은 구약의 신정 정치이며, 그 기준이 먼저 적용하자고 말한다. 이원론자들은 인간이 죄를 지었기 때문에 개인 신자에게 적용되는 기준 이상의 것이 있으며, 그 기준은, 그것이 구약성서나 이성, 혹은 그 외의 다른 것이라 할지라도, 복음과 다른 근거에서 발견할 수 있다고 말한다. 그들은 모두 독

자적으로 존립하는 '국가를 위한 윤리'를 발전시키는 것에 골몰한다는
점에서 일치한다.

우리는 신약의 모범에 더욱 충실한 것을 주장한다. 그 모범은 위에서
언급한 다른 패턴과 전혀 어울리지 않는다. 왜냐하면, '국가를 위한 윤
리'를 대변하는 방법을 찾을 때, 독자적으로 존립하는 윤리학을 우리는
믿지 않기 때문이다. 신약성서를 보건대, 사회적 관계에는 권력에 기초
한 질서와 조직화가 필연적이라는 점을 인정한다. 이것은 일차적으로
하나님 의지의 결과가 아닌 오로지 인간 죄의 결과이다. 아나뱁티스트
들은 '그리스도의 완전함 밖'에 있는 세상의 부분인 칼문자적으로는 칼이
고, 의미상으로는 강제력 또는 폭력을 말한다.:옮긴이주에 관해서 말할 때 "이원
론 없는 이원성"duality without dualism이라고 묘사한다. 다시 말해서 '그
리스도의 완전함의 안'이라는 구절은 하나의 몸인 기독교 교회와 새로
운 윤리적 차원인 기독교 윤리학 모두를 가리킨다. 국가의 폭력적인 행
동롬13:4과 그리스도인의 비폭력적 저항롬12:9은 세상에서 일하시는 하
나님의 방법들이다. 이 두 가지 양상은 하나님이 일하시는 것이지만, 그
분이 두 개의 영역을 창조하신 것이 아니다. 현실 인간의 반역 때문이
다.국가에 폭력을 허용하는 것은:옮긴이주 비록 현대의 퀘이커주의가 정치적
평화주의의 명성을 누리고 있기는 하지만, 이와 비슷한 입장을 초기의
형제단Friend이 받아들였다. 로버트 바클레이의 『변명』Apology을 읽어보
자.

기독교 왕국의 현 관료들에 관해서 말하자면, 그들은 그리스도의 이
름을 공적으로 고백한다. 따라서 그들이 기독교인의 이름을 아주 부정
하는 것은 아니다. 그럼에도, 우리는 담대하게 그들은 기독교 신앙의 완
전함과는 거리가 멀다고 단언한다. 즉, 그들이 국가 안에 존재하기 때문

에… 그들은 순결한 복음의 경륜에 다가갈 수 없다. 그리고 그들이 그러한 상태에 처해 있는 한, 우리는 전쟁을 정당한 것으로 받아들이는 그들을 완전히 불법적이라고 말할 수는 없다. 할례나 다른 의식조차도 유대인들에게 잠깐 허락되었던 까닭은 그들에게 필요했다거나 그리스도의 부활 이후의 시대에는 합법적이기 때문이 아니다. 성령이 그들을 아직 부활시키지 않았기 때문에 오히려 그들이 그러한 기본도 제대로 지키지 않는 것이다. 비록 그가 그리스도의 이름을 지금 고백하더라도 고난받는 성령 안에서 인내하지 못하고 세상과 혼합에 빠져 있으므로 기독교의 형식에 아직 들어맞지 않는다. 그러므로 그 완전함에 이를 때까지 그들 자신을 변호할 수 없다. 그리스도가 완전함을 가져다주시는 분이라는 바로 그 이유 때문에 자신을 무기로 방어하는 것을 합법화할 수 없다. 전적으로 주를 신뢰해야만 한다.24)

아나뱁티스트의 어법과는 형식적으로는 차이가 있지만, 오로지 무방비의 길이 올바르다는 주장 a)와 아직은 그곳까지 도달하지 못한 사람들을 위해 '정당한' 것과 '정당하지 않은 것'을 판단할 수 있는 또 다른 윤리적 정언명령의 범주인 b) 사이에는 같은 종합synthesis이 있다.

그러므로 그리스도인을 위한 기독교 윤리와 국가를 위한 기독교 윤리 사이의 차이는 영역이나 차원의 이원성이 아니라 반응의 이원성에서 비롯된다. 화해하고 헌신한 신자들에게 '그리스도의 마음을 품어라' 빌 2:5는 하나님의 명령은 성령과 교회의 모든 가능성을 고려한 것이다. 하나님의 의지가 반역한 사람들에게 전달될 때, 하나님이나 그분의 궁극

---

24) An Apology for the True Christian Divinity as the Same Is Held Forth, and Preached, by the People, Called in Scorn, Quakers. . . . London, 1676. 가장 접근하기 좋은 자료는 다음과 같다. Eleanor Price Mather (ed.), *Barclay in Brief*, Pendle Hill Pamphlet No. 28, second printing 1948, p. 63.

적 의지가 변하는 것이 아니라, 그분의 현재 요구는 (참된 인격적 의사소통이란 수취인이 서 있는 자리에서 대면하는 것처럼) 수취인의 불신앙을 참작하고, 따라서 또 다른 가능성의 한계 안에 머무르게 된다.

B. 이상, 원리, 그리고 상황 윤리

우리는 지금까지 불신자도 순응해야 마땅한 '올바른proper' 유형을 하나님께서 그들의 마음속에 주었다고 말하지 않았다. 국가에 대한 기독교의 증언은 전통적 개념인 '정당한 국가', '정당한 전쟁' 혹은 '정당한 법 절차'가 함축하는 이상적 사회의 유형에 좌우되지 않는다. 타락한 세상에서 이상적 혹은 '올바른' 사회는 개념상으로도 불가능하다. 그리스도인은 이상적 사회를 어떻게 설명하고 창조할 것인가에 관해서가 아니라, 어떻게 그 국가가 타락한 사회 안에서 최선의 책임을 다할 것인지를 말한다.

그러므로 기독교 증언은 특정한 비판의 용어로 항상 표현되며, 구체적인 시공간 안에서 기존의 불의를 향해 외치며, 드러난 악습을 제거하는 구체적인 제안을 하게 된다. 이는 그 비판을 하게 되면 그 제안을 실행하고, 그리스도인은 만족하리라는 뜻이 아니다. 오히려 새롭고 더 많은 비판과 제안이 뒤따르게 될 것이다. 기독교가 비판을 하지 않아도 될 정도에 도달한 국가란 존재하지 않는다. 그러한 이상적 차원은 하나님 나라에 다름·아닐 것이다.

전통적인 사회 윤리학은 자신이 주장하는 원리를 인간과 사회질서의 본성 위에 건설하려고 애를 쓴다. 그러나 그 원리들 없이 사회 윤리학을 구성하는 것이 필요하다. 이는 명확한 하나님의 뜻을 이해하지 못해서가 아니다. 그러한 통찰이 오직 그리스도 안에서만 알 수 있고, 따라서그 적용은 오직 중재에 의해서 가능하기 때문이다. 결과적으로 이것이국가에 대해 중간공리middle axioms를 사용하라는 요구이다. 이 개념들은 그리스도의 주되심을 기존 사회의 윤리적 사안에 적절성을 지니도록의미 있고 구체적인 용어로 번역한 것이다. 그것들은 기독론적 윤리학의 일반적인 원리와 구체적인 정치적 적용의 문제들 사이를 조정한다.또한, 어떠한 형이상학적 지위도 요구할 수 없지만, 기독교의 사회사상의 영향을 의미 있게 만들어 주는 경험 법칙으로 유용하게 이용된다.25)

과거의 사회윤리 사상은 결정하는 사람의 선한 의도를 넘어서는 어떤 표준이 존재한다는 것에 의문을 제기하는 상대주의와 우리 사회에부과하기 위해 할당된 이상적 질서의 양식을 분명히 알 수 있다고 전제하는 자연법 사이에서 흔들리는 경향이 있었다. 중간공리 개념은 이 양자선택을 막는다. 중간공리는 그 원리가 호소하는 형이상학적 가치에더는 확대된 억측을 포함하지 않고서도 중요한 기독교적 사회비판을 소통 가능하게 한다.

---

25) '중간공리' 라는 용어는 1948년의 세계교회협의회의 암스테르담 총회에서 사회 윤리 토론을 위한 준비 자료에 의해서 통용되었다. 이 용어는 두 가지 의미가 있다. 하나는 중간 공리들은 의미 없이 광범위한 보편성과 비현실적이리만큼 정확한 규정 사이의 중간이다. 다른 하나는 권위에 대한 요구에서 절대적인 도덕 원리와 단순히 실용적인 상식 사이의 중도를 말한다. 다시 말하면, 중간 공리는 '사회와 정치적 제도와 관련해서 그리스도인이 결정할 수 있는 일반적 방향을 전혀 제공할 수 없는 기독교적 관점과 너무 단순하게 특정한… 프로그램들과 그리스도의 마음을 동일시하려고 애쓰는 관점 사이의 중간 지대이다.' (Reinhold Niebuhr, p. 28 in *The Church and the Disorder of Society*). 우리는 여기에 세 번째 의미를 덧붙일 수 있는데, 중간공리는 신앙의 규범들과 불신앙에 의해 제약받는 상황 사이를 중재한다. 그러한 중간 공리들은 이 책 5장의 주제이다.

C. 일반 계시

'자연의 질서'와 '자연법' 개념에 관한 지루하고도 긴 논쟁이 한창이다. 오랫동안 이 용어들은 계시의 뒷받침이 없이도 윤리적 문제를 판단하는 가치의 매개이었다. 조금이라도 계시에 관심이 있는 사람들이라면 자연의 질서 그 자체는 계시의 매개, 즉 그리스도와 성서 안의 계시와 병행하거나 보완하거나 혹은 예비한다고 주장하였다. 그럼에도, 역사적 연구에 따르면 자연의 질서는 철학자들이 이해한 것과는 상당히 다르게 신학자들이 이해했다는 것을 보여준다. 이를테면, 스토아주의나 에피큐러스주의, 창조적 진화 혹은 정치적 복고주의, 청교도적 민주주의나 아리안 독재가 그 예이다. 우리는 자연의 질서가 계시의 원천의 하나라는 생각을 피하고자 한다.26) 동시에 우리는 구속되지 못한 세계에 하나의 질서, 곧 그 질서를 제정하신 분, 다름 아닌 우리의 구속주Redeemer와의 관계를 맺는 질서가 존재한다는 점 또한 인정하여야 한다. 이것이 로마서 13장 1절~7절을 관류하는, 그리고 우리가 그리스도의 통치라고 지칭한 질서taxis와 의무opheilein의 개념이다. 우리는 자연이 아니라 계시의 토대 위에서, 그리고 계시를 통해 사회를 탐지할 수 있고, 국가를 위한 윤리를 판단하는 틀을 갖게 되고, 사회의 구조에 대해서도 말할 수 있다. 그러나 이 구조는 안정적인 이상 질서가 아니다. 만들어가는 질서ordering이다. 계속되는 반역과 도래할 하나님나라의 완전한 질서 사이의 역사적 매개이다. 사회질서를 위한 규범들이 창조 질서의 일부에 계시되었다는 주장의 거부가 하나님의 창조 의도 안에 인간 사회의 토대가 있음을 부정한다는 뜻은 아니다. 우리는 단지 a) 악에서 벗어나기 위

---

26) Cf. p. 79ff. 이하를 보라.

한 방책으로 왜, 그리고 어떻게 칼sword이 필연적인지를, 그리고 b) 정의의 정당한 실행과 부당한 실행 사이를 구분하는 기준을 창조 질서가 우리에게 설명해 줄 수 있다는 것을 반대할 따름이다.

자연법 이론의 모호성은 현실is과 당위ought의 혼동에 근거한다. 만약 우리가 인간과 국가, 가정의 가장, 노동자의 의무에서 오는 자연이 경험적이라면, 다시 말해서 자연이 '있는 그대로의 사실' 이라면, 우리는 어떠한 시공간에서도 자연의 구조를 아주 명확하게 확립할 수 있다. 그러나 자연은 도덕적 명령이 될 수도 없고, 비판하는 기능도 발휘할 수 없다. 다른 한편으로 만약 '사물의 본성' 이 있는 그대로의 사실과는 구분되는 철학적 본질의 일종이라면, 그것은 도덕적 명령의 성격을 가진다.27) 그러나 그것을 경험적으로 확인할 길이 없다. 자연법을 철학적으로 사용하는 대부분 사람은 후자를 선택한다. 즉, 그들은 자연법 안에 인간과 제도가 아직 성취하지 못한 것을 이루게 하는 진정한 도덕적 명령을 본다. 그러나 그러한 철학적 방법이 요구하는 진리는 성서적 증거에 대한 계시의 요구들과 함께 다루어질 필요가 있으며, 본질주의자의 접근법은 그 자체로 성서적 증언의 역사적 진의를 생소하게 한다.28)

만약 계시의 진리가 임의적이지 않고, 그리스도의 통치 현실 안에 근거한다면, 이러한 중간공리의 적용은 역사적 실재를 가장 정확하고 공명정대하게 기술하는 것과 상응해야만 한다. 객관적인 역사가나 사회 비평가가 될수록, 좀 더 유능하고 광범위한 학식에 근거해서 분석할 것이고, 그의 결론은 우리가 말하는 중간 공리들과 더 밀접하게 상응해야

---

27) 루터교에서 나타나는 전통적인 유혹은 로마서 13장을 특정한 국가에 대한 가치 판단으로 해석하고, 그 결과존재를 당위로 만든다는 것이다. 이들은 "하나님 아래에 있지 않은 권력이란 없다"는 것을 "당신의 정부가 어떠한 것일지라도 선하다"는 것을 의미하는 것으로 받아들인다. Cf. 다음을 보라. pp. 63, 74.

28) Cf. 다음을 보라. p. 81, note 8.

한다는 것이다. 따라서 역사 연구는 공리들을 점검하는 방식을 제공하며, 거꾸로 기독교적 통찰은 객관적인 역사 이해에 도움을 준다.

기독교 역사가인 헐버트 버터필드Herbert Butterfield의 작품은 기독교적 통찰과 역사적 객관성의 창조적 상호 작용을 보여주는 뛰어난 사례이다. 버터필드는 기독교적 신념만이 역사의 사실을 참으로 공정하게 이해하게 해준다고 인정한다. 첫째, 이것은 무엇보다도 공정한 객관성, 자신과 분리된 진리에 대한 존경심 때문에 기독교 신앙에 헌신하게 되면 자기 방어를 근본적으로 포기하는 것이 가능하다는 것을 보여준다. 둘째, 특별히 기독교의 용서라는 미덕은 역사적 갈등 속에서 외견상 악한 사람일지라도 전적으로 잘못을 저지른 것이 아니라 종종 선을 행하는 것을 보게 해 준다. 셋째, 회개의 미덕은 길을 잘못 들어선 역사를 향한 비난 일부분이 자신과 자신의 계급, 혹은 민족이라는 것을 인정하게 한다. 더 나아가 기독교 희망은 어쨌든 역사 안에서 의미를 만든다는 것과 오랜 기간의 합목적성과 정의의 조짐이 있다는 깊은 신앙 안에서 역사연구를 가능하게 한다. 그리고 제도나 이데올로기보다는 구체적인 이웃의 인간적 존엄성에 대한 기독교의 관심은 기독교 역사가로 하여금 정권이나 통치권의 이야기를 우선으로 해석하는 유혹에서 벗어나 인격적이고 도덕적 가치 안에서 역사의 의미를 추구하게 한다. 기독교적 통찰은 역사가를 제한하는데 정확히 말해서, 그를 제한할 수도 있고, 또 제한해야만 하는 방식의 목록을 확대한다. 그러나 기독교인의 도덕적 헌신은 그를 더 좋은 역사가와 사회분석가로 만들 뿐만 아니라, 사건을 적절하고도 객관적으로 분석하는 것은 기독교의 도덕적 평가의 올바름을 시험한다.29)

---

29) 기독교적 통찰이 정치적 분석에 빛을 줄 수 있다는 탁월한 분석은 허버트 버터필

5. 정치적 판단의 척도

현재 이 책이 안고 있는 주된 부담은 논리적으로 볼 때 아직 크게 드러나지 않았다. 근본적인 문제는 정치적 사건을 어떻게 기독교적으로 분석하고 표현하는가에 있지 않다. 상당히 지적인 그리스도인의 판단일지라도 종종 사회의 비평가들과 본질적으로 다르기 때문이다. 그와 달리 기독교인들이 공식화하여 사회 지도자들에게 전달하게 될 판단이 기독교적 틀 내에서 올바른 것인지, 그리고 그것을 어떻게 평가할 것인가의 문제이다. 기독교적 역사 이해와 특히 교회와 세상의 관계에 대한 이해가 그러한 사역에 열쇠를 제공한다는 것이 우리의 주장이다. 지금 중간공리의 목록을 선택한 것은 그것들 전부나 그중의 하나를 논증하기보다는 본보기를 활용하여 이미 논의하였던 일반적인 자세를 명료하게 하려는 의도이다.

A. 신약의 메시지에 의하면, 국가나 혹은 더 일반적인 사회 조직은

드(Herbert Butterfield)의 책 *Christianity and History*(London, Bell, 1954)에 제시되어 있다. 그가 말하려는 대부분의 유능한 비기독교 역사가들도 잘 수용할 만하다고 말한 적이 있다. 그럼에도, 그것은 그리스도인인 버터필드만이 그렇게 말할 수 있는 최고의 사람이다.

교회의 사역을 위해 존재한다. 그 반대는 아니다. '기독교의 책임'에 관한 최근의 많은 토론은 극단적인 혼란을 보여준다. 그 이유는 책임을 측정하는 기준들을 명확히 하는 데 실패했기 때문이다. 만약 이 표준들을 기독교가 교회 사역보다 국가 사역에 최종적인 우선권이 있다는 표명으로 이해하고 받아들인다면, 그 책임성은 그들 자신보다 더 높은 곳에서 위임한 것에 대한 배신이다.30) 국가와 정치인들을 향한 비판적 발언을 포함하여 교회가 사회를 향한 증언의 타당성은 교회가 자신의 핵심 메시지를 얼마나 확고하게 유지하고 있는가에 의존한다. 다시 말해서 모든 사람을 하나님께 돌아오라고 초청하고, 하나님께 돌아온 이들이 사랑으로 살도록 요청하는 일이다. 만약 교회가 교회의 삶과 사역의 중심에 있는 인격적 헌신으로 초대하는 데 실패한다면, 교회의 예언적 증언은 유토피아니즘utopianism 아니면 민중선동demagoguery 중 하나가 될 것이다.

여기서 우리는 이러한 관계 속에서 자주 사용되는 예언자적 증언이라는 용어가 사실 부적당한 용어라는 점을 간과해서는 안 된다. 우리는 그 단어를 공인된 용법으로만 사용하며, 일반적으로 사회비판이라는 용

---

30) 책임성이란 단어에 대한 강력한 정서적 호소력과 비책임적이라는 표현의 극단적인 경멸은 그 덕목을 정확하게 정의할 필요에서 이탈시킨다. 니버 학파의 윤리 논증에서 제외된 이 용어의 기능을 엄격하게 분석하는 것은 아마도 "책임성은 자기 민족과 국가 또는 계급의 권력과 생존, 그리고 이익을 다른 사람이나 그룹들, 모든 인간, '원수' 그리고 교회의 생존과 이익, 권력에 우선한다는 것에 헌신한다는 뜻이다."라는 정의보다 더 정확한 의미를 확증할 수 없다. 만약 이것을 의미하지 않는다면, 책임성의 개념은 현재의 논쟁이 입증하는 바를 증명할 수 없다. 만약 이것을 의미한다면, 두 가지 질문이 나올 수 있다. a) 교회에 대한 국가의 우위성, b) 가치와 결단의 장소가 타인이나 '원수'보다는 자신과 자신 그룹의 우위성. 책임성 논증의 기본적인 자기 중심주의는 이타주의 형식을 옷 입고 있다. 이타주의는 이기심과 달리 희생적인 태도를 말한다. 그것은 자기 방어를 포기하고 대신에 타인, 즉 무력한 자와 무죄한 자, 그리고 사회적 질서를 변호한다. 또한, 그 자신이 사회 질서에 절대 대립하지 않고 사회 질서와 일체를 이룬다. 경계선 밖에 있는 형제의 가족이 되는 것이 아니라 바로 자신의 가족을 아주 영웅적으로 봉사한다.

어를 더 선호한다. 구약과 신약에서 예언자들은 세상이 아니라 하나님의 백성에게 선포하였다. 그러므로 엄밀하게 적절한 신학은 교회 한가운데서 이루어지는 예언자적인 사역을 이야기하고, 그리스도와 그의 교회의 왕의 직무를 세상에서 수행하기 이전에 그것이 세상에 대한 하나의 비판적 증언이라는 점을 이해하는 것이다.

B. 역사적 분석을 위한 우리의 첫 번째 근본 척도는 로마서 13장이 전제하는 질서의 개념이다. 디모데전서 2장은 평화라는 용어를 사용한다. 로마서 13장과 베드로전서 2장은 국가가 선한 자를 보호하고 악한 자를 심판할 때, 평화가 이루어진다고 지적한다. 이것들은 관료 기능의 합법성을 위한 표준들이다. 따라서 국가는 폭력 사용에 관한 백지 수표를 절대 소유하지 않는다고 결론을 내려도 좋다. 강제력의 사용은 경찰 기능, 즉 공정한 사법 절차를 따르고, 의회가 승인한 법규를 지키고, 어떤 상황 속에서 문제를 회피하지 않고 실질적으로 보호하는 기능으로만 제한해야 한다. 그러므로 오로지 폭력의 절대적 최소화만이 변명할 방법이다. 국가는 폭력을 최소화하는 임무와 무관하게 칼을 휘두르는 권한을 위임받지 않았다.

C. 위험은 국가 권력이 자신의 직무인 경찰력을 행사하는 데 좀처럼 실패하지 않는다는 것이다. 오히려 국가에 광범위하게 자리하는 유혹은 경찰 기능의 지나친 행사이다. 정치인들은 교회의 사역과 선한 의지로 사회를 건설하려는 노력을 통해 '참을만한 이기주의의 균형'tolerable balance of egoisms을 이루는 안정의 유지가 본분이다. 그런데 그들은 자신들만이 하나의 이상적인 질서를 세우는 책임 있는 사람이라고 생각한

다. 근본적인 구조적 변화의 결과를 전혀 예측할 수 없는 탓에 최고위직에서부터 이상사회를 세우려는 노력은 항상 희망하는 것보다 덜 성공적이다. 그러나 더 큰 문제는 교만이다. 이상사회가 되었거나 이루어지는 것처럼 보이려는 가식은 가장 확실하게 타락의 나락으로 빠지게 하는 단 하나의 유일한 죄이며, 이는 이미 역사 안에서 많이 등장한다. 따라서 국가는 마성적demonic인 존재가 되어가는 과정에 있다면 굳이 숭배를 요구할 필요가 없다. 하나의 이상 질서를 재현하기 위한 가식 이면에 경찰 무력의 권위가 자리 잡고 있으며, 그것은 이미 종교적 주장과 다를 바 없기 때문이다.31)

국가가 스스로 '종교적'인 영화religious self-glorification를 누리는 것은 종종 가장 끔찍하며, 어떤 이들은 국가가 저지르는 유일하면서도 가장 큰 잘못으로 간주한다.32) 극단적인 설명에 동의하기는 훨씬 쉽다. 왜냐하면, 그처럼 극단적인 경우는 객관적인 평가가 실제적으로는 불가능

---

31) 우리는 마귀적(demonic)이라는 용어를 니버주의자들이 특별한 정도의 반역을 가리킬 때 사용하는 것과 똑같이 사용하고자 한다. 이 개념은 창조된 가치들이 평범함을 유지하고 있으므로 그것들은 마귀적이지 않다는 것이다. 그렇지 않으면 그것들은 홀로 하나님께만 합당한 충성을 요구하는 자가 됨으로써 자신을 절대화하게 된다.(특별히 다음을 참조하라. Reinhold Niehbur, *Human Destiny*, Scribners 1948, pp. 110ff.) 따라서 그들은 마귀적이 되고, 반드시 저항하게 된다. 그러나 이 용법은 비성서적이다. 다이몬(Daimon)과 다른 비교할 만하고 가장 빈번하게 사용되는 성서 용어들은 가치 판단이 아닌 존재의 범주를 지칭한다. 그렇다면, 한 국가가 마귀적이라는 말은 국가가 반역적이라는 의미가 아니라(다른 국가들과는 비-반역적이라고 생각하는 것과는 대조적으로), 오직 그 자신이 일종의 독립적 존재가 되는 것을 말한다. 가설적으로는 정의롭고 건전하며 겸손한 국가라 할지라도 여전히 마귀적 질서 안에 존재한다.(그리스도의 주되심으로부터 도피하거나 진입하려는 국가에 대한 유사한 혼란에 관해서는 다음을 참조하라. Chap. 8 Note 3.)

32) 다음을 참조하라. O. Cullmann, *The State in the New Testament*, p. 78: "로마 제국에서 황제 숭배는 국가가 다스려야 할 적절한 경계를 넘어서고, 구속기관인 양 자세를 취한 것의 요체이다…" 그리고 칼 바르트의 말을 보라.(in W. Herberg, ed., op. cit. Chap. 3, Note 2) "국가가 '사랑'을 주장하기 시작할 때, 그것은 국가가 하나의 교회가 되어가는, 즉 거짓된 신의 교회이며, 따라서 불의한 국가가 되어가는 과정 중에 있다." Cf. Ibid. pp. 115-118.

하기 때문이다. 칼 바르트의 확신과 달리 대부분의 독일 그리스도인들은 아돌프 히틀러에게서 보이는 극단을 예의 주시하지 못하였다. 현재 칼 바르트는 다른 사람들이 당연히 보고 있다고 생각하는 공산주의 안에 있는 극단을 보지 못하고 있다.33)

그러나 자기 신성화의 척도가 모호하고 자의적이라는 의심을 받는다. 계명의 첫 번째 명령을 위배하는 범죄가 나머지와 다른 범주에 속한다는 뚜렷한 이유는 없다. 하나님을 거스르는 반역의 본질적 표현이 반드시 우상숭배라고 실토할 필요는 없으며, 배교가 꼭 이교적인 것만은 아니다. 국가의 배교를 판단하는 종교적 범주의 실제적인 오류란, 위에서 말한 바와 같이 드러나는 가장 극단적인 악이 아니라, 폭력적인 지배권의 행사가 본래 자기 영화self-glorifying가 아니라는 말에 은근히 드러난다. 민족주의는 우상 숭배가 아니고, 전면 전쟁은 국가 자신의 절대화의 내재적인 증거가 아니라고 말하는 것, 즉 칼 자체는 타락의 한 부분이 아니라고 [넌지시] 암시하는 것이다.

D. 기독교의 사회비판은 유용하다거나 적어도 믿을 만한 대안이라고 항상 말해야 한다. 이 비판은 국가에 완벽한 사회를 세우라는 요구가 아니다. 오히려 가시적으로 드러난 구체적인 폐단을 제거해 달라는 요청이다. 소위 더 작은 악lesser evil이라 불리는 교리가 기독교의 도덕적 타협을 옹호하는 데 이용될 때, 그것은 여러 가지 이유로 적법하지 않다. 만약 한 사람이 어떤 악이 더 작은 것인가에 관한 판단을 할 때, 유용한 대안들을 충분히 검토하지 않았다면 심지어 정치적 영역에서 심각한 오

---

33) [옮긴이주] 이 글을 쓸 당시 바르트가 공산주의에 대해 우호적이었기 때문에 공산주의 위험성을 제대로 간파하지 못했다는 것을 요더는 지적하고 있다.

해에 이를 수 있다. (그가 추구하는 것은 더 작은lesser 악이 아니라 가장 작은 악least evil일 것이다.) 상대적인 악이라는 비기독교적이거나 이기적인 개념의 토대 위에서 만약 그것이 서로에게 불리하게 작용하는 악을 평가하는 것이라면 더욱 받아들일 수 없다.34)

그러나 이러한 오해들 저편에는 더 작은 악의 사유구조가 올바르다는 주장의 실제 의미가 존재한다. 우리가 국가에 요구하는 것은 모든 악의 총체적인 제거가 아니다. 즉각 밝힐 수 있고, 구체적으로 방어할 수 있는 악을 가능하면 제거하라는 것이다. 비록 구약의 그림자들이지만, 청교도주의, 퀘이커주의, 웨슬리주의, 그리고 부흥주의와 같은 위대한 시대의 기독교 사회비판의 예언자적 증언은 항상 그 시대의 가시적인 죄와의 싸움 속에서 가장 효과적으로 활동하였다. 그러나 이상적 질서 확립을 제시하는 것으로 믿으면서 엄청난 혼란과 비효율성을 낳았다. 비성서적인 사상과의 혼동을 통해 이상 질서가 요구될 때, '예언자'는

---

34) 다음을 참조하라. *The Christian and War, Historic Peace Churches*, Amsterdam, 1958, p. 12ff. 악을 그렇게 대조하는 사례들로써 다음을 인용하는 것은 그 악들을 비교하기 때문이 아니다. 기독교적 통찰과 무관한 판단 기준을 따라 그것들을 비교하는 것이 적법하지 않기 때문이다. 예를 들면,

a) "공산화가 되느니 차라리 죽음을"(better dead than Red)과 같은 슬로건은 어떤 정치적 질서가 인류의 생존과 별개로 가치가 있기라도 하듯이 기성 정치 질서의 존속에 저항하는 것과 인류의 생존을 측정할 수 있다고 말한다. 그러나 그러한 대중적인 슬로건이 정서적으로 끌어당기는 것은 조국을 위해 죽는 것은 영웅적이라는 일반적인 판단에서 왔다. 기껏해야 그런 생각은 이교적일 뿐, 기독교적인 것은 아니다. 그러나 아주 종종 그것은 조국을 위하여 죽는 것이 아니라 조국을 위하여 죽이려는 의도를 위선적으로 포장한 것이다.

b) 전쟁의 패배로 한 사람이 고통받는 악에 반해서 전쟁에서 한 사람이 겪는 고통의 악을 비논리적으로 가늠하는 "노예 생활은 차라리 죽는 것보다 더 나쁘다"라는 슬로건을 보자. 적어도 "공산화가 되느니 차라리 죽음을"이란 슬로건은 현실적인 가능성을 직시하며, 극적인 방식으로 현실적으로 가능한 선택을 취하게 한다. 그렇게 되면 "정치적 주권을 상실하는 것보다 대량 살상의 죄책감을 공유하는 것이 더 낫다"는 것마저도 건전한 방식으로 만들곤 한다. 또한, 전쟁 자체나 지속적인 무력 증강이 국가의 전체주의를 효과적으로 피할 수 있게 된다고 가정한다.

세속화하고 마성화하는 영향력을 끼치는 간계들과 상대하고 있다는 점을 나중에야 발견하게 된다.

다른 한편, 그가 한 시대의 불의를 폭로할 때, 정치인들이 이해하고 따를 만한 덜 나쁜 방식을 추구하고, 그 결과로 이루어낸 사회적 타협을 감내해야 하고, 어떤 점에서는 그런 진보를 통해 실질적으로 개선한다. 앵글로색슨 국가와 일부 라틴 아메리카 국가들 사이에서 보이는 도덕성의 대조는 그러한 진보가 가능하다는 것을 분명하게 보여준다. 우리는 이러한 진보를 선한 삶의 성취와 혼동해서는 안 되며, 또한 진보에 의해서 개인이나 인간의 사회적 구원이 획득되었다고 추론해서는 안 된다. 이상적인 질서는 죄 없는 사람들을 요구한다. 개념상으로 그것은 이 세대에서 성취될 수 없다. 동시에 한 측면에서는 진보를 보게 되지만예를 들어 앵글로색슨 시민의 자유, 다른 측면에서는 꾸준하게 악화하는 것을 본다군국주의.35)

그러므로 기독교의 사회비판은 항상 상대적이다. 친구들이건 적대자들이건 간에 상대적이라는 점을 논리적 결론으로 삼고자 한다면 그것은 언제나 오해일 수밖에 없다. 기독교의 사회비판은 하나님나라 안에서 그 기준을 발견하기 때문에왜냐하면, 다른 기준이 없기 때문이다 그들이 한결같이 적용하는 논리적 결론은 하나님나라이다. 그러나 타락한 사회는

---

35) 교회 증언의 종말론적 중요성은 궁극적인 심판이나 승리의 예측에 제약받지 않는다. 만약에 진실로 약속된 승리의 조짐이 우리 시대에 주어진다면, 실질적인 '진보'와 실질적인 악의 축적을 분별하는 것은 허용될 뿐 아니라, 그 식별은 필수적이다. 성서적 신앙의 역동성은 무엇보다도 (시간과 함께 그리고 때로는 간접적으로) 세계 공동체의 의미를 창조하였다. 즉, 그 공동체는 합리적인 세계관을 펀드는 원시적·이방인의 미신에서 모든 사람을 자유롭게 하였고, '탈종교적' 세계를 도래하게 하였다. 또한, 그것은 학교와 공장을 세웠고 사람들을 먹이고 치유하였다. 그러나 진보는 또한 퇴보이다. 깨끗이 청소한 집은 사람들이 곧 다시 들어가 살아야 한다. 기술은 교만하고 자신감에 차 있다. 그리고 마르크스주의자들(혹은 은행가들)은 폭군이 되고 있다. '하나님의 평화'는 십자군이 되고 있다.

하나님나라를 수용할 능력이나 의도는 일절 없다. 현재 논의의 총체적 근거는 유용한 가능성이 아니다. 그러므로 "이러한 사실이 우리를 어디로 인도할 것인가?"라고 묻는 것은 문제의 본질을 왜곡한다. 우리가 말을 건네는 세계가 반역의 세계라는 사실은 기독교의 사회비판이 결코 지나치게 먼 곳으로 인도하지 않도록 보증한다. 세계는 기껏해야 특정한 한 시점에서 올바른 방향을 취하는 한 발자국을 내디딘 것이며, 더 위대하고 의로운 사랑에 약간 근접하는 것에 도전했을 뿐이다.

무정부가 문법적으로 발명된 단 하나의 상상적 개념이라는 사실은 우리로 하여금 이 논점의 상징하는 바를 관찰하게 한다. 무정부란 애당초 존재하지 않는다. 전제군주제에서 의회 민주주의에 이르기까지 다양한 형태의 정부가 있다. 세계 제국에서 국가, 그리고 독립된 부족에 이르기까지 권력 집중화의 정도가 다양한 형태를 띤다. 심지어는 게릴라전을 하는 경쟁 권력과 상호작용을 하는 정부도 존재하고, 고도로 조직화한 지하 범죄 세계에도 정부가 있다. 관리의 효율성에는 총체적으로 엄격한 통제로부터 하찮은 범죄를 가까스로 처리하는 약한 권력까지 변종이 많다. 권력은 위임될 수도 강점될 수도 있으며, 지혜롭게 혹은 어리석게, 효율적으로 혹은 서투르게, 공공연하게 혹은 비밀스럽게 권한을 행사한다. 그러나 정부는 사회의 복지와 안정을 위해 지나치게 작게 기능을 발휘하는 것처럼 보여도 권력은 늘 존재한다. 그런 까닭에 기독교적 사랑에서 오는 비판이 아주 효과적인 것은 결코 아니다.36)

E. 어떤 점에서는 역사의 진정한 의미가 국가의 기능과는 다른 차원이라고 확신하더라도, 사회 안에서 교회의 기능은 복음의 설교만을 의

---

36) J. Yoder, *The Christian and the Death Penalty*, Newton, 1961, p. 12.

미하지 않는다. 인간적 가치의 차원이 존재한다는 것 또한 사실이다. 또한, 사회 안에서의 교회의 기능은 특별히 그리스도인만이 아니라 그리스도인이 만들어내는 영향력에 어느 정도 따를 수밖에 없는 인간의 가치 안에 존재한다. 이 가치들은 국가의 통제에 굴복할 수 없으며, 그렇게 해서도 안 되며, 국가에 공헌할 때에만 가치 있다고 생각해도 안 된다. 기독교적 증언은 '문화적 활동'만이 아니라 전체 인간의 연대로 엮어진다. 즉, 기독교적 증언은 헌신한 교회 회원들 사이에서만 이루어지지 않는다. 비록 제자도의 길을 선택하지 않은 기독교인들 사이에도 그리고 그것에 동조하는 사람들 사이에 '도덕적 삼투'가 이루어져, 마침내 정직함과 상호존중, 근면과 깨끗한 사고, 욕심이 없음과 관용의 태도를 창조한다.

허버트 버터필드는 이러한 전 영역을 '가늠할 수 없는 것imponderable'이라고 말했다. 의심받는 가치들은 과학적 예측이나 정부의 조작에 직접적으로 굴복하지 않는다는 것을 의미한다.37) 이 분야의 긍정적인 성취는 사회생활이 위로부터 타락하고, 도덕적 단속을 최소화할 때만 이루어진다. 정부의 보호 기능은 상대적 평화와 자유 안에 있을 때에만 성취된다. 그러므로 기독교 사회비판은 현재의 개인의 가치를 미래의 제도적 이익을 위해 희생하려는 것, 특히 선한 목적을 희생하고 나중에 선을 성취하는 것을 정치적 권력자들에게 일임하고, 그리고 그것이 더 좋은 질서의 확립을 구상한다는 모든 제안을 불신한다. 정치적 장치가 억제된다면, 교회가 자신의 일차 과업인 복음 전도와 제자도, 그리고 사회

---

37) 버터필드는 이 용어를 특별히 다음 책에서 사용한다. *Christianity, Diplomacy, and War*(Abingdom-Cokesbury, no date) pp. 79ff., 109. 그러나 실제적인 문제는 정치적인 표면에 부상하지 않는다는 것이 버터필드의 작품 전체를 관통하는 생각이다.

적 증언이라는 이차적인 과제의 자유로운 실행이 이 땅 위에 이루어진다면, 바로 그때, 그리고 그럴 때에 더 좋은 사회는 도래할 것이다.

F. 사회적 이슈들에 관한 기독교의 발언은 때로는 인기가 거의 없는 측면을 떠맡는 것을 예상해야 한다. 비순응주의자들의 사유 구조의 일상적 표현인 "이면"에 대한 공감으로부터, 그리고 특정한 사회 계급의 현존하는 리더십에 대한 거의 본능적인 불신으로부터 타당한 근거를 구분하기는 그리 쉬운 일이 아니다. 그런데도 낙오자가 언제나 존재한다는 부당한 이유가 우리 자신을 다수나 권력을 가진 자와 동일시하도록 몰아가는 근거로 삼아서는 안 된다. 우리 이야기의 대상인 국가에 대한 증언은 비폭력적으로 저항하는 기독교에 대한 헌신에 근거하며, 그리고 소수자의 필연적인 표현에 따른 것이다. 그런 그룹들은 발생하는 모든 사안에 대해 발언할 수 없으며, 그들이 말하는 것이 다른 이들과 어떠한 차이도 없다면 그다지 의미가 없다. 게다가 기독교의 증언은 실천적으로나 철학적으로 정부의 토대를 제공하지 않고, 권력이란 그저 존재하는 것으로 받아들이고, 권력을 교정하기 위해 말을 건넨다는 사실을 관찰할 수 있다. 우리가 권력자들에게 그리고 대중들 가운데서 주도적인 다수 그룹에게 말하고자 할 때, 소수 혹은 부재자로 청원해야 한다. 그렇다고 이것이 만약 우리가 소수 그룹을 위해 발언할 때 무비판적이거나 아부해야 한다는 말은 아니다.

'고아와 과부' 에 대한 성서의 보편적 관심은 어떤 사회에서도 특정한 부류의 사람들이 경제적이고 사회적인 강자의 특권에서 배제될 수 있다는 인식의 표현이다. 복지국가라고 많이 선전하는 국가도 이 사실이 변한 것 같지 않다. 진짜 빈곤을 없애고자 불법을 방지하려는 일상적 규범의 확립, 객관적 타당성 집중, 빈민층에 해당하는 사람들의 정확한 파악, 복지 재원을 남용하는 지역 정치에도 사람들은 사회보장제도 때문에 더 의존하게 되고, 그것은 일부 사람들에게는 채워지지 않은 심각한 필요를 항상 남겨 둘 것이다. 예를 들어, 가난한 사람들을 후원하고, 일어서게 하는 것이 단지 경제적으로 풍요롭게 만드는 것으로 정당화될 수 없으며, 또한 가난한 자에 대한 관심은 기독교의 사귐에 따른 직접적인 의무만이 아니다. 그뿐만 아니라 가난한 자들의 곤궁을 지적해 주는 것 또한 불의한 정권 아래서 지속적으로 권력을 누리는 이들로 하여금 그들을 기억하게 해 주는 증언이다.

그러나 성서의 관심은 기존 문화에서 불이익을 받는 이들의 대표를 단지 과부와 고아에 제한하지 않는다. 같은 책임이 '이방인'에게로 확장된다. 좀 더 명확히 말하면, 약자를 돌보는 그 와중에도 사회는 타 계급이나 인종에게 여전히 조직적으로 부당할 수 있기 때문에 기독교의 윤리적 헌신은 훨씬 더 큰 중요성이 있다. 아무래도 자신들과 차이가 있는 그들을 자신들과 똑같은 동료 인간으로 고려할 필요가 없다고 생각한다. 북미는 여러 가지 점에서 이러한 종류의 차별에 대한 죄책감이 있다. 북아메리카 인디언과 흑인, 이주 노동자와 이민자들을 잘 용납하지 못하는 처사가 그렇다.

이웃에 대한 그리스도인의 헌신은 이방인으로 제한되지 않는다. 그것은 원수에게까지 확대된다. 우리 사회가 공명정대하게 대우하지 못하는 사람들뿐 아니라, 심지어는 확실히 대적자로 취급받는 사람들도 선한 이유와 양심을 갖고 기독교적 관심을 나누어야 한다. 기독교의 증언은 부재자, 다시 말해 자기의 민족과 사회를 향해 대항하는 자들의 요구와 필요에까지 관심을 기울인다. 그렇다고 '원수'를 향한 관심이 그들의 약함과 허물들을 눈감아 주는 것을 뜻하지 않는다. 반대로 그리스도인은 '이면'의 목소리를 다른 누구보다도 더 잘 들을 수 있고, 더 많은 관심을 두는 사람들임에 틀림이 없다.

G. 아나뱁티스트들과 퀘이커 신학자인 로버트 바클레이Robert Barclay는 관료들이 비폭력적으로 저항하는 것을 기대할 수 없다는 점을 인정한다. 마찬가지로 국가가 성령을 신뢰하는 것을 기대할 수 없다고 시인한다. 이는 사회적으로 보수적인 기독교의 일반적인 방식과 같이 정부의 폭력을 전적으로 받아들이는 것을 의미하지 않는다. 전통적인 루터교를 연상하는 방식의 국가 수용은 일반적으로 유용한 대안 중에서 가장 적은 이상과 진보를 취하는 것으로 일반적인 결과를 낳는다. 현실주의적인 기독교의 사회비판은 항상 가장 높이 도달할 수 있는 목표를 요구할 것이다. 우리는 정부에게 비폭력적 저항을 요구하지 않는다. 그러나 우리는 정부가 가능한 안의 범위에서 가장 정의롭고 최소의 폭력적인 활동을 하도록 요구한다. 다시 한 번 더 말한다면 사실 국가가 가장 작은 악의 오솔길을 걷는 것은 특정한 신앙을 요구한다. 군대와 군사지도자가 제네바 협정의 포로자 대우 법규를 존중하는 것이 실질적인 불이익의 감수를 의미하지 않는다. 이 기준을 존중하지 않는 것은 군사적 대의의 도덕적 타당성을 약화시키며, 존중한다는 것은 위험 부담을 의미한다. 다시 말해, 존중은 원하지 않는 것을 행한다는 의미이다. 사형 집행을 포기한 정부, 자유선거를 허용하는 정부, 그리고 부정한 선거 방법을 거부한 후보는 적대자가 그것을 이용한다는 것을 알고 있더라도, '법의 통치'가 실현되는 아주 강력한 국가를 꿈꾼다는 점에서 그리고 직접적으로는 이기적인 목적을 기꺼이 희생한다는 점에서 일종의 신

앙을 요청한다. 이러한 점에서 자유주의적인 평화주의는 근본적으로 옳다. 그것은 국가가 신앙적으로 행동하라고 요구한다. 그러나 신앙의 행동이 국가가 도저히 수행할 수 없는 것으로 아주 이상적인 조항들을 요구할 때, 그것은 잘못이다. 그러나 정의는 결코 싸구려가 아니라는 통찰력은 옳다. 언제나 가장 손쉬운 방법인 폭력과 표면상으로는 덜 효율적이지만, 더 어렵고 더 위험한 정의 사이의 선택은 항상 신앙의 문제이다.

H. 더 위대한 도덕적 힘을 그들의 통치에 제공하려는 사람들의 노력은 그들의 통치자를 더 효과적으로 비판하고, 법률상의 권리(de jure)를 시행하는 합법성 혹은 권위의 개념을 창조하려는 다른 사람들의 노력과 일치한다. 기존 정부의 합법적인 성격은 매우 다양한 척도들, 즉 군주제에서는 정당한 계승에 의해서, 서구 민주주의의 헌법에서는 피지배자의 동의에 의해서, 혹은 정부의 실제적인 기능에 적용하는 기준으로 평가된다. 어떤 이들은 아돌프 히틀러에게 저항했던 책임 있는 그리스도인들과 같이 국가가 자신을 절대화하거나 종교적 주장을 하는지에 따라 판단할 것이다. 반면에 다른 사람들은 실천의 적법성부정행위, 인종주의, 합헌성을 따라 판단할 것이다. 오늘날 기존 정권의 승인은 그 정권이 어떻게 존재하게 되었는지, 그리고 어떻게 행동하는가와 무관하게 권력 블록 사이의 지위에 종종 의존한다.

그렇다고 모든 결정이 실제로는 두 개의 주된 권력들의 아둔한 당파성의 기초 위에서 이루어진다는 뜻은 아니다. 도리어 그들의 확신에 찬 신념에 따르면, 오로지 그들 자신의 유형에 맞는 정부만이 진실로 민주적이거나 자유롭다. 마르크스주의자에게는 오직 고도로 조직화한 노동자 정당이 지휘하는 정부만이 참으로 정당하며 자유로운 정부이다. 서양인에게는 오직 자유선거로 구성된 정부만이 정당한데, 이는 전체 사회의 일부분을 대변하는 소수 특권계급이 실제로 사회를 통제하고 유지한다는 것을 말한다. 위에서 언급한 척도 중 오직 하나만이, 다시 말해서 초기의 지도자에게서 개인적으로 계승하거나 직접적으로는 법률에 따라 계승할 때 객관적이고 투명하다. 망명정부들은 이러한 요구와 함께 살아있지만, 그들에게 힘 있는 친구들이 있을 때에만 존재한다. 엄격히 적용한다면, 이 척도는 모든 사람의 자격을 박탈할 수 있다. 왜냐하면, 처음부터 혁명이나 전복을 선택하지 않는 정권이란 없기 때문이다.

합법성 개념이 함축하는 논리의 요체는 – 사실 그것의 존재 이유rai-son detre이다.– 현 정부가 합법적이지 않다는 선언이고, 따라서 전쟁이나 혁명에 의한 제거가 정당하다는 데 있다.38) 그것은 예수가 열심당 Zealotism을 반대한 것과 바울이 로마서 13장에서 거부한 것이 바로 이러한 결론이다. 양심을 위해 하나님 아래에 있는 것들에 순종해야 하는 존재가 다름 아닌 권력이다.

그런데도 질서정연한 계승이나 국민의 동의와 같은 개념들이 무익하다고 생각해서는 안 된다. 현 정권을 비판하기 위한 고도로 효과적인 수단을 그들은 남겨 두고 있을 뿐만 아니라, 그것은 우리가 한 통치자가 아닌 두 통치자에게 순종하도록 부름을 받았을 때에도 해당한다. 이 점은 국가의 권위에 관한 많은 신학적 논의가 주목하는 데 실패한 것이다. 군주 대 황제, 주state 정부 또는 지방정부province 대 연방정부, 관료 대

---

38) 이것이 칼 바르트가 히틀러에 대항하여 사용했던 논증이다. 나치주의는 비국가 (non-state)이자 반국가(anti-state)였다. 소위 정당한 국가의 대의는 히틀러를 제거함으로써 얻을 수 있다. 개혁주의 서클에서 이러한 사상의 계보는 위그노 (Huguenots, 종교 개혁기 당시 프랑스의 칼뱅주의적 개신교도를 말한다—옮긴이 주)에게로 거슬러 올라간다.

헌법, 행정부 대 사법부, 반체제 혁명 대 식민지 점령, 카탕가Katanga 대 콩고Congo의 상황에서 보듯이, 같은 정부를 향해 굴복과 반역이라는 두 가지 태도 사이에서의 선택이 아니라, 승인과 지지를 받고자 경쟁하는 두 개의 '주인들lords' 사이에서의 선택이다. 국민과 때로 다른 정당들도 사실상의 주권 행사와 전혀 다른 근거 위에서 결정하곤 한다. 여기서 열쇠는 합법성이다. 예를 들어, 1950년대 후반과 60년대 초기 미국 남부에서의 주 법원과 연방정부 대법원의 판결이 직접적으로 서로 모순이 될 때에 그리스도인들은 어떤 주권이 가장 합법적인가를 결정해야 한다. 이 결정이 국가의 권리들에 대하여 주된 사상적 헌신에 근거하여 만들어진 결정인지, 아니면 흑인 문제를 다룰 때에 따져보고 내린 실제로 올바른 결정이었는지 간에, 도달한 결론은 한 가지 또는 다른 형태의 합법성 개념이 적용되었으며, 그것을 기초로 두 정부를 향해 증언하게 된다.

I. 정치인들의 윤리적 딜레마는 일반적으로 가능한 대안의 선택과 계산할 수 있는 결과의 문제로 이해할 수 있다. 무장을 하거나 혹은 핵실험을 중지하거나 중국의 존재를 인정하거나 사형을 중지하든지 간에, 그 결정은 예상되는 결과의 토대 위에서 이루어진다. 그러나 문제는 그 결과를 계산할 수 없다는 것이다. 상황을 완전히 파악하지 못하며, 완벽하게 통제할 수는 결코 없으며, 모든 선택의 결과는 예상과 달라진다. 라인홀드 니버는 이상주의와 실용주의가 똑같이 의도와 무관한 정치적 결과를 산출하는 현상을 '아이러니irony' 라 불렀고 상세하게 분석하였다.39) 조지 캐넌George F. Kennan도 수많은 사례 연구를 통해 유사한 결

---

39) Reinhold Niebuhr, *The Irony of American History*, Scribner, 1952.

론에 도달하였다. 즉각적으로 목표를 성취해야 한다는 관점을 선택한
정치적 전략의 논리는 이러한 관찰에 따르면 심각하게 벗어났다고 결론
을 지었다. 그는 특히 군대의 문제에도 정당한 절차(정직, 적절한 법 절
차, 합헌성)와 근본적인 도덕 원리가 단기적인 결정으로 탁월한 선택이
며, 장기적으로도 가장 효과적이라고 결론 내렸다.40) 정치적 문제를 다
루는 대부분 토론, 특히 군축 분야의 토론에서는 기대했던 결과들을 토
대로 올바른 결정을 내리는 것이 필수적일 만큼 민감성과 정확성에 도
달할 수 없다는 것을 분명하게 담아내지 못하고 있다. 이 관찰은 비록
올바른 방법이 결국에는 가장 효과적이더라도 우리가 순종동기 혹은 원인
과 성공결과이 어떻게 결합하여 나타날 것인가를 계산할 수 없다는 성서
의 가정을 간접적으로 확증해준다. 선한 행위는 특정한 결과를 얻는 성
공이 아니라 하나님의 본성과 명령에 얼마나 들어맞느냐에 따라서 평가
된다.

---

40) George F. Kennan, "Foreign Policy and Christian Conscience," *Atlantic*,
May 1959, p. 44. 허버트 버터필드(*Christianity and History*, Bell/London,
1959, pp. 93ff.)는 결과를 예측하고 내리는 결정이 얼마나 어리석은 것인지를 말한
다. 이는 수백만의 당사자들이 동시에 그리고 독립적으로 같은 일을 하고 있다는 바
로 그 사실이 수학적으로 분명해진다. 즉, 내가 결정한 것을 수행하는 세상은 그 수
백만의 결정 중의 하나가 되지 않을 것이라고 생각한다.

6. 정치적 판단의 예증

기독교적 사회분석가의 활동은 자신의 중간공리를 변화하는 현대의 정황에 적용하려는 시도이며, 우리는 그 판단이 철저히 정보에 기초한 세속 분석과 일반적으로 일치할 것을 기대한다. 그러므로 아래에서 선택한 사례들은 어떤 기발한 것을 옹호하지 않는다. 대신에 우리는 상식의 근거 위에서 그와 유사한 문제들을 최대한 객관적으로 분석한 연후에 확증하는 평가들을 신학적으로 설명할 따름이다. 이 사례들은 논리적 전개를 보여주고자 의도한 것이지 충분한 토론을 하자는 것이 아니다. 따라서 기독교적 사회 비평을 하려고 위에서 논의한 사례들의 타당성은 이제부터 제안하게 될 입장과 자신의 견해가 일치할 수도 있고, 그렇지 않을 수도 있다.

A. 국제 갈등

인간과 국가의 본성에 관한 기독교 현실주의Christian Realism는 무엇보다도 '십자군crusade'이 불가능하다는 점을 힘주어 말한다. 모든 정의는 한 편에만 있다는 식의 정치적 상황은 절대 존재하지 않는다. 다시 말해, 가능한 모든 강압 수단들의 무차별적 사용을 정당화할 만큼 바람직한 정치적 목적이란 없다. 어떤 점에서 철의 장막 한편에 있는 제도와 정치적 전통들은 다른 블록에서 보는 제도와 정치적 전통들보다 더 연한 회색일 것이다. 그 차이는 결코 흑과 백의 차이가 아니다. 이런 이유로 평화에 대한 관심은 그 시대의 주된 옹호자들의 그럴듯한 설명처럼, 세상의 권력에 의해, 더 나아가 아주 자비로운 국가에 의해서조차도 옹호를 받지 못하고, 하나의 통제된 권력의 균형에 의해서조차도 지지를 받지 못하였다. '십자군' 식의 사고 구조를 정당화하는 인간의 죄악성을 제대로 깨닫지 못하면, 결국에는 너무 많은 정부인간의 교만과 권력의 갈망이 활동하는 모든 공간에서 도전받지 않은 지배체제와 너무 적은 정부전쟁이라는 최악의 무질서 둘 다를 의미하게 된다.

자신의 국가나 블록은 전적으로 선하고, 대적자는 전적으로 악하다는 생각의 오류는 상위의 도덕적 권위나 법의 규칙, 심지어 기독교적 가치로 자기주장을 뒷받침하려는 노력으로 더욱 악화한다. 그 호소는 정치가 현실에 대한 건전한 비판을 방해하고 교만을 한층 심화시킨다. 이러한 사례로 중국 정부의 존재를 인정하기를 거부하는 미국 정부의 입장으로, 정부는 '선하다'고 입증되어야만 승인한다는 생각이다. 대만의 장제스 정권이 전체 중국의 유일한 합법 정부이고, 따라서 유엔 대표의 권리를 가져야 한다는 것은, 다시 말해 도덕주의와 현실주의의 혼동이다. 평화를 지켜야 하는 정부의 역할에서 멀리 벗어날 뿐이다.

정부의 법률적 승인은혹은 적어도 유엔 회원이 되는 것은 다른 문제이다 합헌성, 안정성, 인권 존중, 약속의 충실한 이행, 등이 국민에게 장점이 되는 안의 범위에서 제한할 필요가 있다는 주장은 가능하다. 만약 이 제안을 시종일관 적용한다면, 그리고 상대적으로 선한 특정한 국가들의 클럽기능을 적용하는 것으로 정의된다면, 얼마의 장점이 될 수도 있다. 그러나 이 논거로부터 몇몇 정권의 비존립카스트로 정권과 같이 기존의 정권을 파괴하는 필연성에까지 적용하는 것은 완전히 별개의 문제이다.

B. 국제 정부

우리가 기존 정부 안에서 폭력을 최소화하기 위해 폭력을 행사하는 기능과 이상사회를 세우려는 의도를 구별하였던 것처럼, 국제 영역에서 외교적 방법으로 끊임없는 힘의 이동과 압력의 균형을 맞추는 전통적 수단이 바로 유엔이라는 것을 이해하기란 그리 어렵지 않다. 유엔을 효과적인 제재를 가하는 국가들의 모임으로 만들려는 소망을 품은 우드로 윌슨Woodrow Wilson도, 전쟁 기간 연합국들Allied Powers의 연합이라는 프랭클린 루즈벨트Franklin Roosevelt의 꿈도 현실적이지 않다. 도전받지 않는 강제적인 권력을 가진 단 하나의 세계 중앙 정부를 바람직하게 여기는 것은 심각한 의문을 남긴다. 세계 질서가 나쁜 것이기 때문이 아니다. 정확히 말하자면 그것을 제한할 만한 능력을 갖춘 대항 세력이 전혀 없는데도 단 하나의 정부 권위를 확고히 세우는 것은 질서를 유지하는 최선의 방식이 아니다. 참된 국제적 일치는 경찰 폭력이 언제나 필요하지 않은 곳, 예컨대 노동, 식량, 건강, 우편 등과 같은 부문이 일구어낸, 이루 말할 수 없는 공헌에 의해 최대로 성장한다.

이 경고는 유엔이나 세계연방이 세계의 문제를 치료할 것이라는 유토피아적 희망을 거는 자들에게 적용할 수 있다. 실제로 효율적으로 통치되는 국가들의 모임은 무정부와 같다. 그것은 한낱 꿈에 불과하다. 매우 제한되고 조심스러운 투로 주장한다면, 현재의 유엔 조직보다 훨씬 더 많은 제약이 있는 유엔이라도 없는 것보다 있는 것이 낫다.그러므로 현재의 유엔에 감사를 표하는 것이 나을 것이다

국제적 기관이 마치 경찰의 활동처럼 전쟁을 활용하는 것은 로마서 13장에 나타나는 국가의 차원을 국제적 차원으로 간단히 확장하는 것과는 다르다는 점을 기억하여야 한다. 가장 작고, 또 가장 점잖은 전쟁이라 할지라도 범죄자들보다 무죄한 사람들을 더 많이 죽이게 된다. 국제 사법제도나 강제 기구가 실제로 경찰과 같다고 말하려면 분명히 죄로 규정되는 범죄들을 근거로 경찰은 그 범죄에 책임이 있는 개인들을 응징하는 수단을 취해야 한다. 각 국가는 하나의 나라로서 처벌을 약속하는 것이 아니라, 법을 어긴 국가나 정치적 지도자들까지 재판하고 결과적으로는 처벌을 내리는 것에 동의한다. 이런 식으로 효과적인 국제적 정부를 정의하는 것은 물론 이상적인 목적을 설정하는 것이지만, 군사 행동이 참된 정의의 도구가 된다는 이념보다는 덜 이상적이다.

C. 국제법

모든 나라는 몇 가지 도덕법에 비추어 군사 행위를 정당화하는 설명을 시도한다. '기독교' 국가는 자신을 하나님의 진노의 대리자로 생각하려는 유혹을 특별히 강하게 받는다. 이는 '하나님의 진노의 대리자'의 행위가 정당하지 않다는 사실을 망각한 것이다. 하나님이 비록 아시리아를 심판의 도구로 사용하셨지만, 그 어디에서도 아시리아의 침략적인

전제정치를 승인하지 않으셨다. 이사야 10장 국가는 국가의 폭력을 스스로 정당화하는 자연법 체계를 분명하게 정의하고, 그것이 인식 가능하다고 주장할 수 없다.(그렇다면, 우리는 어디에서 그것을 찾을 수 있단 말인가?) 국제적 사건을 평가하는 중간공리들은 보편적인 도덕법의 비전에서 적극적으로 추론되지 않는다. 제재를 가해야 할 구체적인 힘의 남용을 하나하나 개별적으로 인식하는 것에서 소극적으로 추론된다. 예컨대, 모든 인민을 위한 민족 자결과 정치적 독립에 대한 권리들은 자연적 의무가 아니다. 왜냐하면, 자결권이 어떤 차원에서 발생해야만 하는지를 결정하는 것이 자연법 안에는 없기 때문이다. 유럽 대륙, 나라들과 또 마을들은 반드시 투표를 해야만 하는가? 그 누구도 인도와 포르투갈에 대항하여 싸우는 고아Goa 사람들의, 그리고 중국 정부와 싸우는 대만 사람들의 자결권을 옹호하지 않았다. 또한, 미국의 독립운동이 폭력적인 억압에 기초하였기 때문에 미국의 통일이 비도덕적이라는 아주 심각한 주장은 1865년부터 사라졌다. 민족 자결권 개념은 부정적인 의미에서 아주 실제적인 가치를 지닌다. 즉, 제국주의 지배를 받는 인민들이 스스로 통치할 수 있고, 또 그것을 열망한다는 점은 해명할 필요조차 없다. 그런데도 그 나라들은 아직도 전횡을 일삼는 상황의 노예에 불과하다. 사법과 도덕의 절댓값이 실현되는 법체계가 없다. 인도차이나의 분할이 죄라고 할 만한 통일이 원래부터 존재한 것은 아니다. 더 오래된 예를 들자면, 한국의 통일이 상당히 지체된다 할지라도 유엔과 미국군이 초기 군사 활동의 경찰적 성격을 포기하고 압록강까지 진격하고 중국마저 공개적으로 한국전쟁에 참전하도록 한 것이 정당화될 정도로 절대적이지는 않다. 비록 그러한 개념들이 의사소통의 효율적인 도구로 사용될 때 권리를 말하는 것이 가능할지라도, 기독교적 정치 비판은 사

회의 조화와 일치에 두드러지게 해를 끼치는 특정한 불의보다는 일반적
의무를 낮게 생각하는 것은 지속할 것이다.

D. 전쟁의 윤리학

우리의 전체적인 논지는 국가의 경찰 기능은 어느 정도 합법적이지
만, 전쟁은 부당하다는 것이다. 경찰 기능은 로마서 13장과 디모데전서
2장의 규정과 들어맞는다는 것이 분명한 이유이다. 이 본문들에서 경찰
기능은 범죄자와 죄 없는 사람들을 구분하고 질서를 보존케 하지만 전
쟁은 그렇지 않다. 그러나 이것이 교회가 전쟁에 관해 어떠한 말도 할
수 없다는 뜻이 아니다. 관용의 증가가 지속하는 것, 즉 총체적 무질서
로부터 하나님의 나라로 인도되는 매 시점에서 교회는 더 큰 악과 더 작
은 악 사이에서 선택해야 한다고 말한다. 그러므로 전쟁에 반대하는 교
회의 증거가 들리지 않는다고 그것을 교회의 침묵이나 부적절한 것으로
치부해서는 안 된다. 다시 말해 교회는 여전히 전쟁을 수행하는 여러 가
지 방식들에 관해 말을 해야 한다.

일단 적개심이 발생하면, 경찰 개념의 근사치적개심의 종언에 대한 희망
과 특정한 불의를 바로 잡는 목표를 갖고서 자신의 잘못을 인정하는 범죄자에게 호
의를 베푸는 것와 다른 한편으로 십자군 개념 '조건 없는 항복' 이라는 구호로 프
랭클린 루즈벨트가 구체화했던 것처럼, 특정한 부정을 바로잡는 것이 아니라 원수의
제거를 목적으로 한다 사이에서 선택이 남아 있다. 후자의 개념은 사회의
조직을 파괴하여 원래의 범죄보다 훨씬 더 큰 파멸로 이끌며, 따라서 문
제를 해결하기보다는 더 많은 문제를 일으킨다. 제한적 전쟁이라는 전

자의 경찰 개념은 본질적으로 정당하지는 않다 할지라도, 십자군 개념과 달리 적어도 어떤 조정을 쉽게 받아들이게 하며 국제 협약들과 조정 당사자들의 시스템이 점진적으로 작동하도록 해준다. 조건 없는 항복의 의식 구조는 중앙 유럽의 권력 진공 상태를 창출했고, 1945년부터 소련 U.S.S.R이 서방 권력과 함께 지나치게 제한받지 않는 동맹을 찬성하게 함으로써 현재의 동서문제에 결정적으로 공헌하였다. 같은 방식으로 1950년 이후 서방 국가들이 조직적인 반공산주의를 위해 어떠한 종류의 동맹이든지 간에, 설사 독재자나 반동적인 독재자라 할지라도, 그들과 동맹을 맺는 것은 마찬가지로 불건전하다.

이러한 관찰의 귀결은 군사 목적과 경찰 목적의 구분이다. 만약 원수의 섬멸이 목표라면, 어떤 방법이나 대가, 그리고 동맹이라 할지라도 정당화된다. 다른 한편으로 만약 정당화될 만한 제한된 전쟁의 목표가 있다면, 어떤 방법이나 무기, 그리고 동맹은 그것이 비록 군사적으로 필수적이라 할지라도 배제되어야 한다. 동독과 발칸 반도의 포기와 얄타회담에서 러시아가 불필요하게 태평양 전쟁에 참전하는 것을 용인한 것은 그러한 정책의 지배가 가져온 전략적인 열매들이다.41)

십자군 전쟁의 잘못을 더 분명하게 보여주는 사례는 일본에 투하한 원자폭탄이다.42) 폭탄을 사용하기 전에 평화를 요청했어야만 했다. 또한, 원자폭탄은 전쟁의 승리를 위해 필연적인 것이 아니었다. 단지 조건 없는 항복을 받아내기 위해 사용되었고, 그것은 서구 세계의 심각한 도덕적 패배를 말해줄 뿐이다.

---

41) Hanson Baldwin, "Churchill Was Right," *Atlantic Monthly*, July 1954, pp. 23 ff.

42) Robert C. Batchelder, *The Irreversible Decision*, 1939–1950, Houghton-Mifflin, 1962; 일본이 협상으로 평화를 갈망했다는 것은 다음을 보라. cf. pp. 83 ff

E. 정당한 전쟁

우리는 특정 개념들, 예를 들어 더 작은 악의 개념이 비록 기독교 제자도로 안내하는 데 불합리하더라도 여전히 국가를 위한 윤리를 정교하게 하는 데 적절하다는 것을 살펴보았다. 똑같이 정당한 전쟁에 대한 가톨릭의 전통적인 교리도 그렇다고 말할 수 있다. 갈등을 해결하려는 모든 비군사적 해결 수단이 쓸모가 없어질 것, 불법자를 교정하거나 방해하는 것보다 훨씬 덜 손해일 것, 이전보다 훨씬 더 안정적인 결과를 낳을 것, 평화를 만들기 위한 조건이라는 것을 적들도 알 만큼 전쟁의 목적을 명확히 규정할 것, 압도적인 승리의 개연성이 있을 것, 그 원인이 분명하게 자기 강화가 아닐 것, 교전 행위가 적법한 정부에 의해 수행될 것 등이다.

이 모든 기준은 국가 기능의 측면에서 보자면, 가장 불합리하게 사용되는 폭력의 한계를 정하는 데 유용한 시도이다. 정의로운 혹은 의로운 개념에 근거한 정당한 전쟁이 기독교적 의미에서 가능하다는 주장은 당연히 개념상으로도 배제된다. 우리는 그 개념을 오로지 소극적으로만 사용할 것이다. 정당한 전쟁을 위해 제기된 전통적인 조건들을 충족하지 못할 때, 국가라 할지라도 폭력을 사용하여 문제를 해결하는 것은 규칙을 벗어났다는 점에서 전쟁은 불의하다. 이것이 교전국이라 할지라도 원자 폭탄 투하를 비난하는 토대이다.

F. 사형

　기독교 평화주의를 신학적으로 적절하게 설명한 『전쟁과 복음』*War and the Goespel*의 저자, 쟝 라자르Jean Lasserre는 정부가 해야 하는 선한 봉사롬13:4는 데칼로그Decalog, 십계명에 의해 규정되어야 하며, 따라서 국가의 강제력 사용이 허용된다 할지라도 생명을 취해서는 안 된다고 주장한다.43) 이런 점에서 라자르의 로마서 13장과 요한복음 8장의 분석은 탁월하다. 그러나 라자르는 여기서 자연법이나 정당한 질서를 사고하면서 특정한 본문의 토대십계명 위에서 국가의 과제를 정의할 때, 자연법이나 정당한 질서의 방식으로 사고하는 것을 반대한다. 이것은 지나치게 비역설적으로 보인다. 당연히 가상의 이상 국가에서는 범죄가 없을 것이므로 극형은 없을 것이다. 훨씬 더 공격적이고 바르게 교정되어야 할 치명적인 폭력의 형태들이 광범위하게 제거되어야 한다. 기독교의 영향을 많이 받는 사회에서 무장하지 않는 경찰을 두는 것과 사형 제도를 폐지하는 것은 충분히 실현할 수 있고, 합리적이며, 이용 가능하다. 마땅한 법 절차도 없는 사회, 예를 들어 중동과 같은 사회에서는 입법 조항으로 사형 제도를 비난하는 것은 처음부터 잘못된 이슈를 제기하는 것이다. 이것은 사형이 결코 정당하다는 뜻이 아니다. 그러나 국가가 저지르는 정당화될 수 없는 행동 중에서 사형이 가장 불쾌하지 않은 때가 있었느냐는 말이다.

---

43) Lasseree, *op. cit.* 데칼로그(십계명)에 관한 논의를 보고자 하면 이 책의 가장 독창적인 부분인 145쪽을 보라. 사형에 관련된 내용은 180쪽을 보라. 사형에 반대하는 우리의 논증은 이 책의 5장 노트 6번에서 인용하였다.

G. 혁명

고전적이고 현학적인 윤리학은 폭군에 대한 저항 가능성과 심지어는 암살 가능성에 관해 한 장을 항상 할애하였다. 권력을 장악한 전체주의의 부당한 대표자인 빌라도 치하에서의 예수의 길은 설령 부당한 통치라 할지라도 수용해야 하며, 기독교적 방식으로 저항을 표현할 것을 기독교인에게 분명하게 보여준다. 로마서 13장에서 바울은 같은 주장을 가르친다.44) 그러나 정치적 차원에서 부당한 통치자에게 저항하고 심지어는 그 자리에서 내쫓는 것이 가능하다는 주장이 정치적으로 합법적이고 정당한가에 관해 여전히 논쟁 중이다. 혁명이 발생하는 조건들은 혁명의 방법들이 현존하는 전제 정치의 통치 방식보다 덜 폭력적이고, 혁명이 이전보다 더 큰 정의와 질서, 평화를 준다는 압도적인 개연성이 있어야 한다. 그러한 경우라면 정권들의 교체 자체는 평화를 최선으로 유지하는 질서를 확립할 수 있다. 더 중앙집권적이고 전체주의적 정부일수록, 쿠데타가 이러한 조건들을 충족시킬 개연성이 더 많다. 더 분권화되고 민주적인 정부일수록 그러한 방법이 필요하거나 작동할 기회가 더 적다. 정부 구조 전체를 파괴하는 폭력적인 혁명은 전쟁과 마찬가지로 인간 공존의 참된 바탕을 희생하기 때문에 어떤 상황에서도 정당화될 수 없다.

---

44) 애국심을 일반적으로 신중하게 검증하지 않는 대부분의 보수적인 복음주의 신학자 중에 유일하게 고(故) 도날드 반하우스(Donald Gray Barnhouse)가 로마서 13장 주석에서 그 본문의 충실한 해석으로써 미국 혁명을 비난해야 한다는 것을 지적하고 있다.

H. 핵 평화주의

현대 무기들의 파괴 능력이 갈수록 증가하여 이제는 측정할 수 없게 되었다. 이 사실은 살인이 원칙적으로 잘못이라고 확신하지 못하는 많은 사람조차도 현대의 핵무기, 화학무기, 세균무기를 사용하는 전쟁은 그리스도인에게나 국가에게도 도덕적으로 허용될 수 없다는 방향으로 나아간다는 것은 잘 알려졌다. '핵 평화주의Nuclear Pacifism'는 독일 개신교 신학자들과 로마 가톨릭, 세계교회협의회WCC의 연구위원회, 그리고 기독교를 도덕적 동기에서 배제하지 않는 미국의 문학과 과학 그룹들 안에서 발견되는 중요한 표현이다.45) 기독교 평화주의자들은 국가에 대한 핵 평화주의의 증언이 자신들과 공통된 주장을 하는지를 결정해야 할 새로운 도전에 직면해 있다. 핵 평화주의와 동맹을 맺는 데는 몇 가지 이유가 있다. 그 첫 번째는 지속적인 핵무기 비축에 내포된 위협에 반대하여 평화를 옹호하는 것이다. 다음으로, 상황이 변했다는 논증을 사용하여 동료 그리스도인들이 과거에 그들의 행동을 재검토할 준비가 되어 있지 못한 현재 상황에서 효과적으로 실천적인 평화로 인도하는 것이 가능하다.

이 새로운 발전을 진지하게 평가하기 위해 우리는 핵 평화주의는 몇 가지 다른 요소로 구성된다는 것을 깨달아야만 한다. 이 입장은 무엇보

---

45) 아마도 민족교회(Volkskirche; 히틀러와 그를 지지하는 독일적 기독교에 저항한 교회—옮긴이)의 전통에 기반을 둔 교회로부터 나온 의미 있는 최초의 진술은 *Het Varaagstak van de Kernwapenen*(1962)이다. 이 진술은 네덜란드의 개혁 교회 성명서로 그럴듯한 목적을 위해서도 핵무기의 사용은 적법하지 않다고 단언한다. 세계교회협의회의 연구위원회의 연구 시안 보고서는 연구가 불완전하다고 강조하면서, 중간자의 입장을 접고, 전면전에서 핵무기를 불분명하게 사용하는 것을 거부한다. 다음을 참조하라. R. Billheimer and T. Taylor, "Christians and the Prevention of War in an Atomic Age," *SCM Press*, 1961, pp. 36ff.

다도 전쟁이 새로운 국면에 진입했다는 신념에 기초해 있다. 무기들은 양적으로 더 많아졌을 뿐만 아니라, 질적으로 아주 다른 유형의 것이다. 죽음의 재가 가져오는 유전적 효과와 그리고 식물까지도 포함하는 지구의 상당 부분의 생명을 완전히 멸절시킬 가능성은 창조 세계 자체를 파멸로 몰아넣을 것이라는 점에서 위의 견해를 뒷받침하는 근거가 된다. 새로운 무기들이 이전의 전쟁 수단들보다 훨씬 더 넓은 범위에서 이러한 특징을 가지고 있다는 사실은 반박의 여지가 없다. 그러나 기독교적 관점에서 창조를 항상 위협하는 핵전쟁이 구속을 위협하는 다른 모든 종류의 전쟁보다 왜 근본적으로 더 나쁜가를 이해하기란 어렵다.

핵전쟁이 가져오는 파괴의 규모가 신무기가 통제력과 목표달성 능력재래식 무기에 적용되던 것들이다을 갖고 있다는 명분을 일거에 무력화한다는 또 다른 시각이 있다. 이 차이는 정도의 문제이며, 병사들이라도 사용할 수 있는 소형 핵무기가 개발되면서 제2차 세계대전의 대형폭탄과 고성능폭탄 사이의 간격을 계속 줄이고 있다. 마찬가지로 근대의 재래식 전쟁이나 핵전쟁이 중세의 전쟁과 질적으로 다르다는 만연된 관념은 그것의 파괴력과 인간의 중요성에 관심을 둔다면 상당한 도전을 받게 된다. 30년 전쟁과 같이 장기적인 전쟁 상태는 한 나라를 완전히 황폐화시킬 수 있으며, 제1차 세계대전의 베르덩Verdun; 제1차 세계대전 당시 프랑스 수도 파리의 관문으로 파리를 장악하려는 양측의 치열한 전투가 벌어졌던 지역이다.:옮긴이주이나 제2차 세계대전의 일부 독일의 도시와 심지어 히로시마에서 했던 것처럼 전 지역을 파괴하고 한 세대를 불모로 만든다.

핵무기의 사용은 자살에 불과하다는 또 다른 관점을 보자. 이 주장은 확실히 상당한 실용적인 무게가 있지만, 기독교 윤리의 관점에서 보자면 그리 큰 차이가 없다. 만약 애초에 전쟁이 잘못이 아니라면, 자살은 오로지 자살 공격에 의존하는 자의 대가만 치러지고, 그것은 순교자의 후광이 될 것이다.이미 일부 정치적으로 보수적인 독일 신학자들과 애국적인 미국의 근본주의자들이 제안했던 것처럼

'원자탄의 교착상태'나 '공포의 균형'으로 거대한 전쟁의 발발을 방지하려는 희망은 정치적 블록의 강화와 자신의 견해를 방어하여 공멸을 피하려고 애쓰지만, 국지적인 비핵전쟁의 개연성은 도리어 증가한다. 아무리 잘해도 '소규모 전투'는 재래식 전쟁의 모든 도덕적 문제를 제기할 것이다. 양심에 따른 병역 거부는 개인적 차원에서는 계속 적절하다. 그러나 전쟁의 개연성이 있는 상황에서 핵으로 적을 압박하는 전술은 핵 이전의 군사 윤리를 명백하게 위배하게 하는 방법들, 예컨대, 고문, 사상전향, 배상금, 죄수들의 즉결 처형, 가스, 네이팜, 그리고 세균 무기들을 사용하도록 강제한다. 핵전쟁의 위험은 단지 잠재적이지만 이러한 종류의 공격은 지속적으로 발생하기 때문에 실제로는 훨씬 더 중요한 이슈가 된다는 사실을 감추려는 경향이 있다.46)

기독교와 교회의 첫 번째 책임은 유효한 선택이 있는 한 여전히 순종하는 것이다. 그러므로 오늘날 어떻게 핵전쟁의 발발을 예방할 것인가가 유일한 질문이라고 말하는 이들의 주장과 반대로 양심에 따른 거부는 여전히 중요한 이슈이다. 지상군이 구실을 하기도 전에, 징병에 관해

---

46) 전통적인 '정당한 전쟁' 이론을 핵 시대에 적용하려는 노력이 폴 램지(Paul Ramsey)의 『현대 전쟁과 기독교 양심 *Modern War and Christian Conscience*』 (Duke University Press, 1961)이다. 가설적인 핵 갈등에서 비전투원의 면제는 상당한 분량으로 다루지만, 똑같은 척도(다른 고전적인 요구들에 관해서도 일언반구도 없다.)를 1945년 이후에 있었던 전쟁들, 즉 베트남, 헝가리, 알제리, 앙골라에서 실제로 싸웠던 전쟁에 적용하는 것은 어떠한 조언도 하지 않는다. 1964년에 이 책이 출판된 이후로 램지는 핵 보복 계획이 있기 전과 다름 없이 베트남에서 실제로 미국이 사용했던 방법들에 관해서는 덜 비판적이면서도 오직 게릴라전의 문제점에 갈수록 관심을 기울인다.

말할 틈도 없이, 핵전쟁은 끝날 것이라는 점은 지금도 분명하다. 그런 점에서 양심에 따른 거부는 더는 전쟁 참여 그 자체와 관련이 없다. 그러나 전쟁을 예방하기 위해 봉사를 거부한다든가, 그가 꺼리는 것은 단지 전투라는 병역 거부자의 주장은 결코 본질적이지 않다. 기술적인 변화가 양심에 따른 병역거부를 부적절하게 했을 뿐 아니라 그것은 병역 자체마저도 부적절하게 만들기 때문이다. 비록 충분하지는 않지만, 단순한 개인적인 순종이 계산된 효율성보다 변치 않는 우선권을 가진다는 언명은 본질적인 것으로 여전히 남아 있다.

화학 무기와 세균 무기들이 비록 제2차 세계대전에서는 사용되지 않았어도 계속 생산되고 있고 비축되고 있다. 미래의 중요한 전쟁에서 이런 무기들은 핵무기의 사용을 훨씬 능가할 것이며, 열핵熱核 무기만큼이나 전쟁의 효과를 아주 심각하게 악화시킬 것이다. 이것이 핵 평화주의를 애매모호하게 만드는 또 다른 문제이다. 그러므로 평화주의가 직면한 도덕적 이슈가 질적으로 변했다고 주장할 만한 적절한 근거가 없어 보인다.

그러나 이것이 점증하는 핵 평화주의에 대한 관심이 무시되거나 축소되어야 한다는 것을 의미하지 않는다. 무엇보다도 사회에 대한 우리의 증언이 양적인 차이에 불과하더라도 여전히 중요한 차이를 지닌다. 도덕적으로 상대적인 영역에서의 우리의 증언은 기본적인 확신을 우리와 공유하지 않는 사람들과의 협력이 근본적으로 부정직한 것이 아니라면 특정한 이슈에 관해서는 항상 전술적인 연대를 추구해야 한다. 비평화주의자들이 상대적인 평화주의자가 되어갈 때, 평화주의자들은 이전부터 '우리는 옳다' 거나 '그들은 틀렸다' 는 것을 되풀이하여 말해서는 안 된다. 옳고 그름에 대한 헤아림은 한때 우리 주장이 가진 본래의 논리에 따라 관심을 기울였다는 점에서 학문적으로 하찮은 일이 아니다. 그러나 이 같은 논지의 활용은 대부분 상황에서는 기독교적으로 그리 유용하지 않다. 또 다른 반군사주의자들과 공동의 대의를 만들 가능성은 방사성 낙진을 통해 일반적인 방사능을 일으키는 핵실험에서 좀 더 확실하게 나타난다. 실험 대부분이 군사적 효용성에 관해 심각한 도전을 받고, 건강과 외교 정책에 실질적인 해로운 효과가 있으며, 미국이나 캐나다의 국가 방어에 이해관계가 없는 순진무구한 개인이나 국가를 공격하거나 잠재적으로 공격할 수 있다. 법적으로 무효한 핵실험은 그 실험과 관련해서 곧바로 적절한 정치적 선택을 해야 하는 사람들에게나 타당할 뿐이다.

I. 급진적 평화주의

위에서 언급한 '양심에 따른 비협력'의 가장 극단적인 형태는 일반적으로 '급진적 평화주의radical pacifism'로 분류하는 거부의 형태이다. 그리스도인들이 법을 지키는 정부를 원하는 것과 그리스도인들이 정부에 순종하는 것은 양립할 수 없다는 견해에서 본다면, 이 명칭 자체는 정부를 전면적으로 거부하는 사람들에게 정확하게 적합한 명칭일 것이다. 설령 꼼꼼하게 각 조항을 설명하더라도 그것은 충분하고 완전한 목록들은 아니다.

a. 정부의 특별한 정책 변화를 이끌어내고자 정부 당국에 손실이나 곤란을 일으키거나 또는 경제를 혼란케 하여 합법적인 권위에 의도적으

로 반대하지만, 폭력을 사용하지 않는 시민 불복종은 가능하다. 사실상 이러한 방법은 많은 사람이 가장 효과적인 사회갈등과 강제력을 발휘하는 수단으로 제안되었다.47) 그러한 행위는 종종 '직접적인 행동'이라고 불리는데, 그런 행동을 사실 소수 기독교인의 관점으로 보자면, 권력자에 대한 증언보다는 권력투쟁에 대한 의도적 개입에 가깝다. 비폭력적 혁명 그룹의 주장들은 도덕적이고 민주적인 합법성위의 40쪽을 보라의 차원 위에서 다른 권력 요구자들의 주장보다 더 정의로울 가능성은 매우 충분하다. 그래서 그리스도인은 권력의 대리자에게뿐 아니라, 현재의 집권 정부에게도 말한다. 그러나 비폭력적인 직접 행동주의자들은 권력자들에 대한 발언 자체에 특별한 관심을 두지 않고, 오히려 정의에 대한 관심 때문에 자신들의 힘 사용에 관심이 있다.

b. 정부에 협력하지 않는 것은 도덕적 이탈 행동을 의미할 수 있다. 그리고 어쩌면 비협조를 통해 실질적으로 도덕적 순수성을 획득한다. 이는 일부 사람들이 세금 공제의 경계선 아래에 살면서 경제적인 차원에서 소득 세금 납부를 회피하는 이론적 근거이다. 또한, 그들은 선거권 행사가 모든 정부 활동에 대한 도덕적 책임을 공유하는 것으로 생각한다. 그것이 투표하지 않고 비폭력적으로 저항하는 그리스도인의 신념의 이면에 있는 합리적 근거이다.

c. 시민 불복종 행위는 정부의 절차와는 직접적인 인과관계를 갖지

---

47) 강제의 수단으로 비폭력 개념에 대한 가장 명확한 설명은 리처드 그레그(Richard B. Gregg)의 『폭력 없는 전쟁 *War Without Violence*』이다. 간디의 개념이 실용적이었다는 것은 의심스럽다. 어떤 상황 속에서는 그것이 최고의 힘이 되기 때문에 라인홀드 니버 역시 비폭력을 옹호하지만, 그것이 독특한 사랑이나 순수한 것은 아니다. (『도덕적 인간과 비도덕적 사회 *Moral Man and Immoral Society*』한국기독교서회역간.)

않으므로 직접적인 훼방이 아니다. 그것은 간접적이고 도덕적 의의는 명명백백하지만, 단지 상징적이고 극적인 행동으로 이해할 수 있다. 이 범주에 포함되는 것으로는 미사일 기지를 침입하거나, 핵실험을 하는 태평양으로 선박을 타고 항해하거나, 금지된 모임이나 시위를 하거나, 수송 시설 분리를 무시하는 행위에서 찾을 수 있다.

d. 같은 성격의 시위에는 행진, 철야기도, 단식과 같이 완전히 적법한 것도 있다.

만약 우리가 마지막의 두 가지 시위 유형의 증언이 정치적으로 효과가 있다거나 특정한 시점에서 시위하거나 불복종의 선택이 단순하고 자명한 권리의 문제인가라고 묻는다면, 그것은 오해일 것이다. 이러한 효과의 정당화는 상징적이다. 즉, 그것들은 숨겨져 왔거나 과소평가되어 왔던 도덕적 도전의 깊이를 공적인 의견으로 제기할 것을 추구한다. 그들의 행위가 실상은 비인간적이라는 점에 더 민감하게 주시하도록 권력 집권층의 도덕적 감각에 호소한다. 그 의도에 따라 자신들의 행동을 평가할 것이다. 그들이 추구하는 바가 분명한가? 적절한 사람에게 제시되었는가? 특히 어떤 사람들이 응답하도록 도덕적 도전을 명확하게 말하였는가?

위의 네 가지 분류는 논리적으로 간결해 보여도 오해를 살 만하다. 당연히 다양한 측면들이 일치한다는 것을 발견할 것이다. 불법적인 (c)이거나 합법적인 (d)이든지 간에, 극적인 행동은 도덕적 전유 (b)의 외관과 같이 어느 정도 도덕성을 갖춘다면 서로 소통할 수 있다. 만약 도덕적으로 적합하다고 생각한다면, 도덕적 퇴각 (b)는 자기 기만적이고 심지어는 바리새적이다. 그러나 극적인 측면c 혹은 d을 받아들인다면, 그 그림은 변한다. 그러나 만약 그것이 강제적인 (a)가 된다면 다른 방향으로 변할 것이다.

현재 우리의 연구 과제는 '증언' 이라는 제목 아래에서 이 모든 영역을 개관하는 것이다. 권력자를 향한 발언은 좀 더 정상적인 경로를 이용할 수 없는 상황에서는 다음 둘 중 하나일 것이다. (현대의 미국과 같이) 실제적인 의사 결정자가 관료 정치의 배후에 있고 모든 의사소통은 대중매체에 의해 손상된 경우이거나, 또는 (간디의 인도와 같이) 비민주적 정부 형태인 경우이다. 그 적합성은 합리적으로 평가할 수 없는 요소들에 대부분 의존한다. 이미 주어진 상징적 행동이 이왕이면 잘 전달되고, 또 그것이 필요하다고 말한다면, 아마도 그것은 논리적 감성이라기보다는 오히려 예술적 감수성의 문제일 것이다. 이 증언은 이미 선행된 분명한 도덕적 헌신과 맞는다면, 미력한 저항이 아니라 가장 강력할 것이다. 만약 몇 가지 대안 행동이 실제로 제안된다면, 만약 그 의도가 반대자를 당황하게 하는 것이 아니라 바로 그 자신이 더 자유롭게 행동할 권리를 찾는 풍토의 창조라면, 만약 그 행동이 무제한의 책임이 있는 사람들을 향하고 있어서 그들 앞에 놓인 도전에 관해 무언가를 행하고자 한다면, 가장 효과적일 것이다. 현재 연구의 시각에서 보자면, 이러한 노력은 그들의 증언의 기능과 권력 투쟁에서 자기 본위적인 참여를 구분하는 것이 대체로 가능하다면, 가장 적절하다. 그러나 이러한 구분을 하기란 퍽 어려워서 그러한 증언의 경로를 회피하는 것을 정당화하지 못한다.

J. 책임 있는 정치 참여

국가 기능에 책임감을 느끼고 직접적으로 참여하는 것에 관한 의문이 현재 우리가 다루는 주제와 밀접한 관련이 있음에도 의도적으로 피하여 왔다. 여기서 우리가 먼저 숙고하려는 것은 공립학교의 교육이나 산림 관리나 더 나아가 사법적 기능들과 같은 정부 후원기능이 아니라, 우리가 국가의 가장 주된 특징이라고 보았던 경찰 유형의 활동에 관한 것이다. 만약 비폭력적 저항의 사랑이 제자의 길로 인정된다면, 그리고 마찬가지로 만약 명확한 한계가 있는 경찰력이 타락한 세계에서 정당하다면, 그리스도인은 경찰이 될 수 있는가?

과거에 이 논의에 참여하는 모든 정파의 대답은 부정적이라고 신속하게 결론을 맺었다. 어떤 이들은 그들 자신이 믿어왔던 것 때문에 그렇게 결론을 내린다. 다른 이들은 비폭력적 저항이 사회적으로 책임성이 없고, 궁극적으로 불가능하다고 결론을 내렸다. 그 결론이 가장 규범적인가에 관해서는 거의 논박이 없었다. 여기서 우리의 관심은 이러한 성급한 결론이 미세한 변화를 요구하거나 한계를 검토하든 간에 그동안 자명하게 받아들였던 것을 검토하는 것에 있다. 그러자면 그 이전의 시대로 돌아가야 한다.

콘스탄틴 이전의 교회 대답은 부정적이었다. 화해를 위한 하나님의 일꾼인 그리스도인은 경찰 직무와 다른 일을 한다. 관대한 이교도가 로마 통치 아래에서 올바르게 정의를 행사할지라도, 그리고 정의로운 집행이라도 신실하지 못하다면, 그리스도인은 경찰의 일을 거부하고 인내해야 하는 고난의 종류로 보았다. 그러나 이처럼 정부의 기능을 부정적으로 보는 태도는 도덕적 완전주의로부터 비롯된 것이 아니다. 또한, 정부와 어떤 관계도 맺지 않으며 정부의 강제력 사용에 절대적인 불개입을 추구한 것에 뿌리를 두지도 않는다. 그와 달리 상대적으로 중요하고 긴급한 일에 대한 고려와 부수적으로 국가의 우상화에 뿌리를 둔다는 사실에 주의해야 한다.

콘스탄틴 이후의 교회는 정부에 봉사하는 것을 그리스도인의 일로 받아들인 것은 분명하다. 그러나 적합하다고 생각할 만한 이유는 없었다. 니버만큼이나 그 이유를 진지하게 제시한 사람은 없다 우리는 4세기 교회가 특권을 누리는 사회적 위치에 올라서려고 도덕, 교회론, 종말론의 변화를 요구했다는 주장에 대해 합리적이거나 성서적인 논거를 제시할 수 있다는 점에 대해 열린 태도를 보여야 한다. 지금까지는 이 점에 관해 분명하고도 이해할 만한 논거를 제시하지 못했다는 것을 인정해야만 한다. 세상과 타협한 교회를 우리는 비록 콘스탄틴 자신은 전적인 책임이 없음에도 습관적으로 콘스탄틴적이라는 꼬리표를 붙이지만, 그 변화는 테오도시우스와 아우구스티누스에 이르러서야 완성되었다. 그런데도 신중하게 고찰하고 철저히 논증하기보다는 그것은 당연한 일로 생각하고 전제한다.

"그리스도인이 경찰이 될 수 있는가?"라는 물음은 법률적인 용어로 질문한 것이다. 그 대답은 기독교적 차원의 질문, 즉 "그리스도인은 경찰이 되라고 부름을 받았는가?"로 다시 제기되어야 한다. 우리는 그리스도인이 화해의 대리자로 부름 받았다는 것을 알고 있다. 모든 그리스도인에게 타당한 일반적인 소명을 특정한 개인이 하나님의 진노의 대리자가 되라는 특정한 소명의 형태로 받아들여도 되는가? 이런 식으로 질문을 상술하는 것은, 만약 그리스도인이 자신의 소명을 국가가 명령한 폭력을 수행하는 데까지 상상력을 발휘하여 해석한다면, 그는 우리다시 말하면, 형제들에게 그가 그러한 특별 소명을 받았다는 증거를 제시해야만 한다. 오랫동안 우리는 양심에 따른 병역 거부가 예언자적 견해이며, 특별하게 부름 받은 소수에 한해서만 정당하다고 말해 왔다. 실제로 비폭력적 저항은 평범하며 모든 그리스도인에게 정상적이며, 국가가 약간의 정당성을 갖고서 폭력을 명령하는 시점이더라도 폭력의 사용은 특별한 예외에 한해서 필요하다고 주장해야만 한다. 나는 그러한 예외적 소명을 증명한 사람을 한 사람도 만나지 못하였다.48) 일반적으로 정치적 입장을 추구하는 사람들은 자신들의 행동이 신약의 비폭력적 저항 가르침을 우선하여 따르는 제자도의 틀 안에 있는 것으로 정당화할 필요를 인정하지 않는다.49)

교회 내에서 정치인에게 발언하는 '증언'과 법률 안의 범위에서 기독교가 정의의 칼을 행사할 수 있다는 가설적인 극단 사이에는 나름의 현실적인 개입과 참여의 폭이 상당히 널리 분포한다. 이 문제를 다루는 것은 이 책의 목적이 아니다. 단지 기독교의 증언이 양심적인 행동 이상의 것인지에 관심이 있다. 그런데도 그리스도인의 개입 문제에 다음과 같은 것들에 의해 열매를 맺을 수 있다. 즉,

a) 신실하지만 부적절한 이원론과 적절하지만 불신실한 타협 사이에

---

48) 고든 카우프만(Gordon Kaufman)은 윤리학의 구조에 관해 이 점을 충분히 입증하고자 그러한 가능성(3장의 각주 7을 참조하라)을 제안하였지만, 그것을 개인적으로 증명하지 못했다.

49) 일반적으로 여기서 관련된 이슈는 마치 기독교가 정치적 권력을 제공하거나 그 권력을 수용하거나 거절하는 것을 선택할 필요가 있는 것처럼 말한다는 것이다. 이런 경우는 세습 군주제가 유일할 것이고, 단 한 사람의 문제가 된다. 진정한 선택은 그것이 민주주의이든 아니든 간에 권력을 수용할 것인가에 관한 것이 아니라, 그것을 추구할 것인가에 관한 것이다. 이 투쟁에 참여하는 것과 정상적으로 승리하는 것은 공무원이라는 점에서는 하등 다를 바 없는 경찰의 책임이 공무원에게 요구되는 것 이상으로 훨씬 더 중대한 또 다른 도덕적 이의를 일으킬 것이다.

서 항상 선택해야만 한다는 느낌에서 우리를 자유롭게 해줄 것이다.

b) 절대적인 것의 타협에 관해 묻는 것이 아니라 도리어 독재와 하나님나라 사이는 중요한 정도의 차이를 표시한다는 점을 우리에게 가르쳐 주어 그 사이의 연속적인 지점을 추구할 수 있다.

c) 도덕주의로부터 현실 개입을 떼어놓는다. 성육신은 그 개념 자체로 깊숙한 현실개입을 말한다. 그리스도 자신은 '죄가 없음에도' 군사점령 및 반체제 전쟁과 같은 사회 정치적 큰 소용돌이의 한가운데로 오셨다. 현실개입은 타협과 같으며, 타협은 죄와 같다는 평가는 결국 죄가 인간의 정황에서 볼 때, 기독론적으로 비정통적일 뿐만 아니라, 아울러 더는 열매를 맺지 못하게 하는 생각의 무덤이다. 그것은 절대적 규칙을 깨트리는 것으로서 죄를 정의하기 때문에 투쟁의 의도를 가진 같은 종류의 율법주의에 자신을 미리 처분하는 행위이다.

K. 경제 질서

가장 최근에 사용되는 예언자적 증언이라는 용어의 현대적 의미는 사회주의와 계획 경제를 향한 성향의 많은 지성과 결부되어 있다. 이것은 신학적 자유주의의 특징이자 사회적 관심이 있는 특수한 교회들 안에 어느 정도 잔존한다. 이 점에 관해서 우리는 아주 개략적으로만 말할까 한다. 이를 위해 우리가 던지는 질문은 "이상적인 경제 질서는 무엇인가?"가 아니라 "경제적 문제에서 국가의 간섭이 정당화될 수 있는 조건은 무엇인가?"라는 것이다. 우리는 국가를 칼이라고 설명하였다. 따라서 어떤 사회 제도들이 정당하고 바람직한가가 아니라 현실적으로 정치적 제재와 폭력에 대한 궁극적인 호소를 뒷받침하는 기관은 어떤 것인가를 물을 참이다. 특정한 불법들과 위험들을 성공적으로 처리하기를 원한다. 점검, 조정, 그리고 보상의 정도를 측정하는 상태는 전혀 새롭지 않은 경제체제들을 창출해내는 노력보다 더 질서가 있다는 점을 위에서 이미 이야기했다. 경제의 특정한 부분을 실질적으로 국유화한 테네시 강 유역 개발 공사, 국립공원, 공립학교, 도로, 우체국, 공중위생과 같은 분야는 경쟁 체제를 도입하거나 개인이 관리할 수 없다. 또한, 경영 전체가 복지에 해가 될 만한 것은 정의, 효율성, 위험, 혹은 공공복지를 고려하여 시행할 수 있다.

그러나 만병통치약으로 사회주의와 경제 발전의 주된 지도 원리로서의 중앙집권적 계획은 신학적으로 그리고 실천적으로 도전을 받는다. 이 관찰은 자유방임적 자본주의로의 복귀가 아니며, 사회 복음에 관심을 두는 것에 대한 비난도 아니며, 때로 제한된 국유화가 사적인 이익에 따른 독점적 이용을 막는 가장 좋은 방법이라는 사실을 부정하는 것도 아니다. 간섭은 예방이 목적이거나 직무 태만이 상당히 직접적으로 해로운 경우에 대개 정당화된다. 국가가 아미시에게 자녀를 학교에 보내도록 하거나, 사회 보장 제도를 받아들이라고 강요할 때, 종교의 자유를 절대시하면서 그리고 모든 사람에게 일정의 교육 기회를 제공하고 은퇴 후의 수입을 보장하는 것이 과연 모든 사람에게 좋은가를 토론하는 것만으로 이 문제를 제대로 검토할 수 없다. 문제는 이 법들이 폭력적이고 비타협적으로 강행하지 않으면서도 얼마나 많은 해악을 사회에 끼치게 되는가, 이다. 예를 들어, 국가의 직접적인 승인도 없이 대학과 우체국을 운영하고 농업 실험을 하는 것은 국가의 자발적인 사회적 협력의 행위자로 행동하는 것이며, 칼의 문제는 일어나지 않는다. 자발적인 참여의 측면에서 복지국가의 이러한 차원들은 사실이다. 여기에서조차도 다른 리더십 하에서 공동체를 자발적으로 형성하는 것을 더 선호하는 실용적인 본질거대함, 망쳐버린 시스템, 쓰레기, 비인간성, 그리고 부정이 여전히 존재한다는 것이 이유가 될 수 있다.

여기서 우리가 제퍼슨식 민주주의나 자유주의자들의 최소 정부라는 정치 철학을 지지한다고 생각해서는 안 된다. 단지 여기서 문제가 되는 이슈는 사회적 계획이나 경제적 통합의 정도가 아니라, 그런 계획과 통합은 a) 더 인격적 가치들을 희생시킬 만한 가치를 갖는다는 것과 그리고 b) 국가의 경찰력과 동일시하려 한다. 그리하여 무력으로 직무를 수행하고, 모든 반대자를 정치적 반역자와 일치시킨다. 우리는 정부가 떠맡은 과제가 무엇이든지 간에 최소한 그것을 이행할 때에 절제, 겸손, 적법함, 지방 분권, 그리고 인도적인 관용에는 작은 정부가 필요한지를 두고 논쟁을 벌이자는 것이 아니다. 그리고 근본적으로 강력하게 악에 재갈을 물리는 정부 기능과 분명하게 관련된 것과 단지 사회의 공동 노력을 조정하는 사회의 대리인으로서 국가가 봉사하는 정부 기능을 구별하라고 논쟁하지 않는다.

다른 경우와 마찬가지로 이 경우에도 기독교 사회비판의 뼈대는 실천적으로도 논리적으로도 비기독교적 사회에 도덕 기준비기독교적을 설정하는 것을 전제하지 않는다. 독재자라고 해서 그리스도인들이 최소한의 변화를 호소할 수 없을 만큼 의로움의 눈금이 지나치게 낮지는 않다. 계속적인 비판이 필요 없을 만큼 변혁된 '기독교화된' 사회는 없다. 기독교적 의미에서 그들은 선하지 않다. 단지 그들은 덜 악할 뿐이다. '합법적legitimate' 이라는 단어는 작은 잘못에 관해서 제한된 묵인을 표현한다. 예를 들어, 우리가 경찰 활동이 정당하고 전쟁은 국가를 위한 것이라고 할지라도 부당하다고 말했을 때위의 45쪽을 보라, 정당화는 옳고 선하다는 것을 의미하지 않는다. 그것은 우리가 그 상황들 아래에서 예상할 수 있는 최선보다는, 도리어 잘못을 최소화하는 차원말하자면, 우리 그리스도인의 옳고 선한 것의 유일한 기준인 그리스도에게 순응하지 않는을 가리킨다.

여기서 국가를 칼이라고 정의하고 이야기한다는 것을 기억해 주기를 바란다. 이 정의는 우리가 착수했던 윤리적 문제의 핵심을 포착한다. 국가를 조직화한 인간 공동체의 총계로 보느냐 아니면 사회 계약으로 이해하고 시작하느냐에 따라서 그 결과는 다르게 나타날 것이다. 악의 단속과 사회 협력의 조정 사이의 구분이 이론적으로 명쾌한 것은 아닐지라도, 우리가 어떻게 무력 사용에 제재를 가해야 하는가를 물어야 할 각 시점은 분명히 있다.

7. 도표로 표현한 고전적 선택들

국가에 의해 박해받는 소수자의 신앙이던 기독교 시대가 끝나고 국가를 책임지는 사람들이 교회 속에서 발견되기 시작한 이후로, 기독교 사상가들은 정치인의 필요성과 이와 관련된 지적인 문제들이 복음과 어떤 연관이 있는지를 늘 고뇌하였다. 그 결과 '타협의 문제' 냐 '책임의 문제' 냐 하는 다양한 방식으로 많은 시도가 논의되었다. 그러나 그 논의가 이 문제들에 관한 역사적 사유 방식의 다양성을 너무 강력하게 지배하고 있어서 그 누구도 주된 역사적 선택을 직접적으로 다루지 않고서는 새로운 출발을 할 수 없을 지경이다. 옳든 그르든 그들은 토론에 지속적으로 등장한 주요 문제들의 본질적인 이해와 어휘들을 장악해 왔다. 여기서 보여주려는 고전적 해결책의 일부를 도표로 표현한 것은 캐리커처에 불과한 것이다. 그 목적은 이 유형으로 특정한 개인과 교회의 견해를 정확하고 상세하게 재현하려는 것이 아니다. 이 도표들은 역사적으로는 정확하지 않다. 다만, 그 입장을 받아들인 사람들과 복합적인 운동을 개략적으로 묘사했을 뿐이다. 이 유형론적 접근 방법이 특별나게 독창적이지 않으며, 이를 위해 특별한 관찰들이 수행된 것도 아니다. 다만, 이렇게 역사를 개관하는 이유는 여기서 제안하는 해결책이 다른 전통적 접근과 서로 연관되어 있기 때문이다.

A. 중세의 견해

고전적인 로마 가톨릭의 사상이 이바지한 점은 유형론적으로 보자면 이중 기준double standard이다. 이 접근 방법은 도덕적 요구를 서로 분리된 두 개의 차원으로 이해한다고 보면 좋겠다. 가톨릭에서 이 두 차원은 중대한 모든 윤리학의 영역에 적용되지만, 우리의 관심사는 특별히 악의 문제, 보복, 용서와 같은 문제이다. 이 입장은 보복이나 용서를 각기 다른 등급의 척도로 설명한다. 그 척도의 중심에는 보복과 공격이 정확하게 비례"눈에는 눈, 이에는 이"하는 정의의 차원이 위치한다. 이전으로 거슬러 올라가면, 라멕창4:24의 복수는 부당한 복수였다. 이러한 보복의 차원은 일흔 번씩 일곱 번이라도 기꺼이 용서하는 마음, 다시 말해서 공격과 상관없이 보복을 완전히 포기하고 용서하라는 예수의 극단적인 가르침을 떠올리게 한다. [도표1]에서 선은 윤리적 규범을 표시한다. 이 도표는 이 기준들을 달성하는지는 보여주지 않는다. 다만, 본질적으로 이러한 것들이 실현 불가능한 것이 아님을 나타내준다.

고전적 로마 가톨릭의 도덕신학은 그것이 비록 정확한 징벌의 수준과 일치하지는 않더라도, 사회가 정의를 요구하기 때문에 그 차원과 상당히 밀접한 기본적인 법칙이나 명령이 있다고 생각한다.

이 차원이 의미하는 정의로운 행위는 모든 사람, 심지어는 이교도까지도 이성으로 알 수 있다. 이 주제에 대한 기독교 사상은 아리스토텔레스와 키케로 같은 사람들의 사상으로부터 광범위하게 빌려온 것이다.

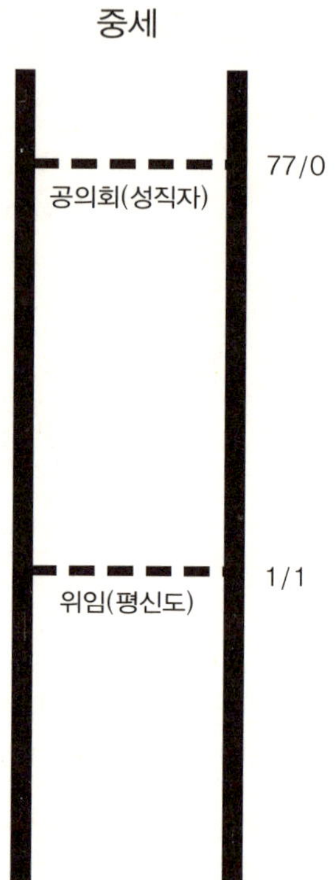

도표 제일 위의 선은 복음적인 공의회의 윤리적 수준이다. 그것은 특별 계시에 의해서만 알려질 수 있고, 매우 특별한 그리스도인들에게만 실질적인 규범이다.

두 수준 간의 차이는 소명의 차이이다. 인류는 두 종류의 사람으로 나뉘며, 그들 사이의 편차는 정확히 그들이 서 있는 도덕적 의무의 수준에 있다. 진실로 성자가 되려는 사람은 자신의 삶의 모든 것이 상위의 수준에 속해 있어야 마땅하다. 다른 한편으로 세상의 경제적·정치적 역할에 책임적이고자 하는 사람들은 양심의 가책이 없거나 또는 아주 약해야 한다. 그들에게 성자가 되려는 시도는 비현실적일 뿐만 아니라 바람직하지 않다.

정의의 규범이 일정한 양다시 말하면, 도표 위에서 고정된 한 점이라는 사실의 중요성에 관해 좀 더 세밀하게 살펴보도록 하자. 인식론적으로 이것은 육화된 그리스도의 계시 밖에서도 정의가 무엇인지를 아는 것이 가능하다고 전제한다. 더 나아가 우리는 불법을 저지른 것에 적합한 징벌을 계산하는 기준 '눈에는 눈, 이에는 이' 그러나 우리는 범죄자를 해부하지 않고서 어떻게 그것이 등가(等價)인지를 측정할 수 있단 말인가?을 갖고 있다고 전제한다.

정의의 규범은 고정적이고 성취 가능하다. 이것이 의미하는 바는 우리가 마땅히 그래야만 한다고 요구하는 모든 것을 갖춘 국가를 상상할 수 있고, 아마도 적절하게 협조한다면 그것을 이루어낼 수 있을 것이다. 그러한 국가는 사랑의 요구를 따라 행동하지 않더라도, 정의의 요구는 전적으로 충족할 것이다. 사실, 국가가 고도의 정의로운 수준에 도달하려고 하는 것은 좋은 일이 아니다. 용서하는 사랑에 더 근접하려는예를 들어, 사형의 실행을 완화하는 것 국가는 실제로 그런 높은 단계에 이를 수 없다. 왜냐하면, 그것은 국가 자신에게 할당된 정의의 포기를 의미하기 때문이다.

로마 가톨릭이 아주 명확하고 철저하게 했던 것처럼, 이런 기초 위에서 일관된 사회 윤리를 세우는 것이 가능하다는 점은 두말할 나위 없다. 정의의 규범을 알 수 있고, 구속적 사랑과 구별된다는 것은 그것들이 창조 안에, 즉 인간이나 사회의 본성 안에서 발견된다고 가정하는 경향이 있다. 이 본성이 우리로 하여금 어떻게 이 도표들에서 논의하는 보복하는 정의뿐 아니라, 한정된 분배 정의를 규정할 것인가를 알 수 있도록 안내할 것이다.

정의의 규범들이 창조 안에서 발견된다는 관점에는 심각한 약점이 있다는 것을 깨달아야 한다. 우리는 어떻게 정의가 악을 다룰 수 있는가를 논의하는 중이기 때문이다. 그러나 만약 악이 존재한다면, 그것은 더는 창조의 차원에 속하지 않고, 타락한 세계에 존재한다. 그렇다면, 우리는 창조의 규범들과 인간의 진정한 본성에 관한 규범들을 알 수 있는가? 만약 우리가 그것들을 안다면, 그것들을 타락 이후의 사회를 지도할 기준으로 사용하는 것이 적합한 일인가?

B. 고전적 루터교 견해

이 견해는 구분되는 두 개의 명확한 선이 도표 위에 놓여 있다. 그런 점에서 가톨릭 입장과 유사하다. 그리스도 안에서 계시된 고난과 용서하는 사랑의 기준은 정의의 기준과 마찬가지로 본질적으로 같다. 그렇지만, 정의의 기준이 지닌 독특성과 명료함은 가톨릭보다 루터교에서 더 두드러진다. 가톨릭이 철학적 실재론philosophical realism 안에 있는 자연법 교리에 기초를 두고 인간의 본성을 파악하고자 인간의 개념을 분석한다면, 오히려 루터교는 "창조 질서order of creation"를 말한다. 즉, 사회를 경험적으로 관찰하면 그리고 군주나 은행가들을 관찰하면 실제적으로는 당연하다고 가정하는 것이다.

그러나 루터교는 각 그리스도인이 어떻게 이 기준을 따라 양쪽 기준들을 결부시킬 것인가를 이해할 때 뚜렷이 다르다. 인류를 완전한 사랑 안에서 사는 일부의 성자와 정의의 차원에서 살아가는 평범한 대중적 인간이라는 두 개의 범주로 구분하는 대신에 루터는 모든 사람을 양 차

[도표2]

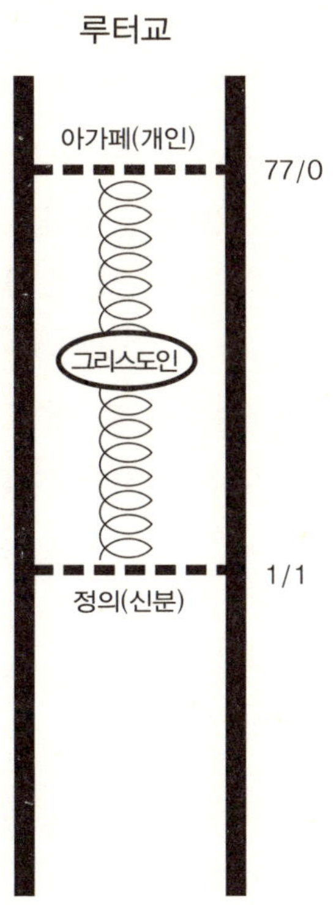

원에 위치시킨다. 한 개인으로서 자신의 이웃과 얼굴과 얼굴을 마주 대하는 관계 안에서 살아가는 모든 그리스도인은 온갖 악한 방법에 인내하는 비폭력적 저항자들이 되어야 한다. 마찬가지로 사회 안에서 자신에게 주어진 일직업이나 신분을 수행할 때, 모든 사람은 낮은 차원에서 행동한다. 따라서 가톨릭과 같이 "나는 어떤 종류의 사람인가?"를 묻는 대신에 그리스도인들은 각각의 경우와 순간에 "한 개인으로서 또는 내 신분 안에서 어떤 수준에서 지금 행동해야 하는가?"라고 질문해야 한다. 도표는 두 개의 차원 사이에서 존재하는 긴장 속에 있는 그리스도인을 둠으로써 이 정황을 상징적으로 나타낸다.

우리는 위에서 가톨릭은 도덕적 실천이 요구된다는 사실과 그것을 성취할 수 있다는 것에 주목했었다. 루터교는 완전한 사랑을 위한 규범에 대해 우려한다. 인간은 의롭다고 인정을 받더라도 항상 죄인이다. 완전한 사랑에 도달할 수 없는 인간의 무능력은 그가 정의를 실천하라고 부른 사회적 의무가 있다는 점의 귀결일 뿐 아니라, 그 안에 타락한 의지가 작동한다. 그러나 정의의 지속과 관련해서, 인간의 죄악성에 대한 통찰은 정치인들이 자신의 자리에서 명시된 정의의 기준들을 실현할 수 있는지에 어떤 의심도 하지 않는다. 전통적으로 루터교는 통치자들에게 적지 않은 상당한 신뢰를 품고 있다.

C. 칼빈주의적 신정정치

울리히 츠빙글리Ulrich Zwingli에 의해서 시작되고, 마침내 제네바와 네덜란드의 개혁주의 단체들이 구체화한 입장을 살펴보고자 한다면, 일련의 매우 중요한 변화를 발견한다. 무엇보다도 개혁주의 전통은 원래부터 어떠한 종류의 이원론이라 할지라도 거부한다. 하나님의 주권이나 계시가 부과하는 도덕적 규범에서 벗어난 삶의 영역이란 없다. 이성이나 자연은 하나님의 말씀 안에 계시된 기준과는 다른 기준의 원천으로 존재할 수 없다. 이성과 자연이 개념으로서 유용성을 갖는다는 점에서 그것들이 계시의 규범에 일치하며, 이는 가톨릭과 루터교의 도식과 전혀 다르지 않다. 그러므로 이 견해는 도표 위에 단 하나의 규범 선이 있다.

이 선은 순수한 정의의 차원이 아니라, '눈에는 눈' 의 복수를 가리킨

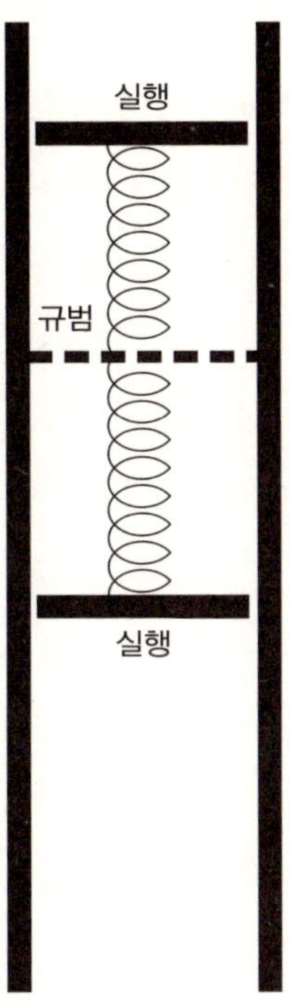

다. 구약성서의 왕들은 과부와 고아를 돌보는 자비를 칭송한다. 칼빈주의적 전통의 청교도 사회는 고리대금의 거부와 같은 신약 윤리의 특정 원리를 일반 사회에 적용하도록 하여 영향력을 행사하고, 기독교화된 사회를 만들고자 한다. 따라서 규범은 순수 정의의 수준을 넘어선다. 그러나 그 선은 '아가페' 사랑의 수준에서 설정된 것이 아니다. 그 규범은 구약을 포함하는 성서 전체에서 도출되어야만 한다. 진정한 자기희생을 진지하게 받아들여 본 적이 없는 모든 백성에게 맞는 기준으로 봉사할 수 있어야 한다.

높고 더 애정이 깃들인 방식으로 그 기능을 유지하려는 노력이라고 할지라도 잘못된 일이다. 이는 시민질서를 유지해야 하는 공동책임에 불신실해지기 때문이다. 예컨대, 만약 정부가 불의하다면, 기독교인들은 그리스도의 제자로서 그것을 감내해서는 안 되고 저항해야 한다. 모든 개인에게는 항상 질서의 규범을 유지하는 책임이 있다. 그 규범의 거부는 사회를 진실로 사랑하지 않는 것이다.

비록 모든 사람이 개인적으로는 죄인이지만, 이상적인 신정 정치는 현세라 할지라도 가능하다. 실제로 국가가 아주 선해진다는 것은 가능한 일이다. 예를 들어, 사형의 집행을 느슨하게 하거나 무장을 해제함으로써 국가가 실제로는 아주 선하다고 말하는 것은 가능하다. 실행을 가리키는 선은 국가를 위한 하나님의 의지를 위나 아래로 떨어뜨릴 수 있다.

D. 자유주의적 평화주의

청교도-비국교도 전통에 서 있는 자유주의적 평화주의는 이원성을 용납하지 않는다. 개인에게나 사회 양자 모두에게 오직 한 규범만이 존재한다. 이 견해에 따르면, 개인과 사회 직무를 구별하는 루터교나 다른 종류의 사람들로 서로 구분하는 가톨릭의 입장은 묵인될 수 없다.

그렇다고 해서 단 하나의 선만이 존재한다고 엄밀하게 정의할 수는 없다. 때로 아가페에는 앙갚음하지 않는 용서의 차원이 존재한다. 아가페 외의 영역, 곧 정의를 위해 필수적인 그 나머지 영역도 구속의 관점으로 접근할 수 있다는 주장은 다소 미흡해 보인다. 그리고 평소에는 고난 자체에 구속적 가치가 있다고 믿는다는 점에서 아가페를 넘어서곤

한다. 자유주의적 평화주의 사상에서 이러한 세 가지 상위의 수준 간에는 분명한 차이를 보이지 않는데, 이는 불규칙한 사선에 의해 표시되는 어떤 사건의 상황에 해당한다.

사회와 개인을 위한 규범들이 일치하고, 높은 사랑의 차원에 고정되기 때문에 정의와 사랑은 이성과 계시와 마찬가지로 동일시된다는 점은 확실하다. 만약 우리가 더 노력한다면, 그리고 죄가 근본적으로 창조의 본래 패턴을 변경하지 않는다면 풀지 못할 문제란 없다. 실천은 실제로 우리가 국가 앞에서 붙드는 기준 틀에 못 미치게 할 수 있지만, 그렇게 해야 할 이유도 없다.

E. 라인홀드 니버Reinhold Niebuhr

우리가 다루는 이 주제를 가장 철저히 연구한 현대 사상가가 라인홀드 니버라는 데는 의심의 여지가 없다. 그는 우리가 지금까지 살펴보았던 모든 견해로부터 중요한 요소들을 수용하여 자신의 출발점으로 삼았다.

루터교처럼 그는 그리스도인 개개인은 다른 두 가지 차원의 윤리적 요구 사이의 지속적인 긴장 안에 존재한다고 이해한다. 일대일 관계 안에서 그리스도의 교훈은 정언명령이며, 어느 정도 따르는 것이 가능하다. 그러나 사회적 책임성에서 보자면, 그것은 불가능할 뿐만 아니라 실제로는 잘못이다. 왜냐하면, 사회적 측면에서 사랑은 그 자체로 책임성의 규범인 정의 안에서 사랑을 표현해야 하기 때문이다. 루터와 마찬가지로 그는 자신이 순수하게 개인적 관계 안에 있는지 아니면 책임성의 맥락 안에 있는지를 발견하고, 그 토대 위에서 그리스도인답게 특정한 상황에서 결단해야 한다고 믿는다. 얼굴과 얼굴, 눈과 눈을 마주 대하는 선택은 책임이라는 차원의 존재 혹은 부재에 의존하게 된다.

가톨릭 전통과 같이 니버는 기독교가 국가와 일반 사회에 대해서 책임적 증언을 하는 데 길잡이가 되려면 그레코 로만 전통들 즉, 고전 시대의 이교도 윤리사상가들의 윤리적 가치들을 기독교에 덧붙여야 한다고 주장한다. 따라서 유일무이한 기독교 기준들과 그것을 국가에 적용하는 기준들 사이의 차이점은 순수한 이상주의와 타협 사이의 차이일

[도표4]

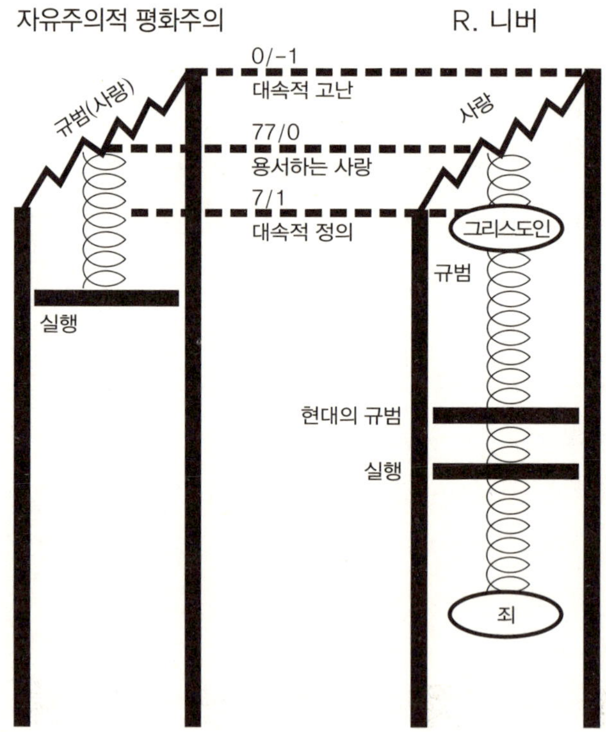

뿐 아니라, 출처가 서로 다른 규범이다.

　이러한 문제에 대한 라인홀드 니버의 분석은 자유주의적 평화주의에도 빚을 지고 있으며, 지속적으로 일치를 보인다는 사실을 아마도 대부분 감지하지 못하는 듯하다. 자신의 사상 초기에 받아들였던 자유주의적 평화주의자들처럼 니버에게는 단 하나의 진정한 이상이 있고, 그것은 정상에 이르는 유일한 길이다. 사랑 외에 그 어떠한 것도 정당화를 철저하게 구축할 만한 것은 없다. 자유주의적 평화주의가 그랬던 것처럼, 니버도 그 이상적인 선이 어디에 존재하는지를 전적으로 확신하지 못했다. 어떤 곳에서 아가페의 부적절성에 대해 논쟁할 때, 그는 사랑을 절대적인 자기 부정과 같은 것으로 보는 것 같다.아가페를 넘어서는 구속하는 고난, 도표 위에서 0/-1이라는 기호로 표시된 것이다 그러나 다른 곳에서 그는 평화주의자를 구속적이면서도 무언가 정의롭고 효율적인 사회를 조직하려는 노력을 기울이는 사람들로 생각하기도 한다(7/1).

　니버 입장의 독창성은 이렇게 모든 점에서 서로 달라서 조화로울 수 없는 관점들을 종합하였다는 것과 '규범' 선이 고정된 점이 아니라는 것에 있다. 비록 정의의 요구들이 사랑의 요구와 구별되지만, 제한적이지 않다. 우리는 자연법이나 다른 어느 곳에서도 정의로운 국가의 모습에 관해 명쾌하게 정의 내린 것을 찾아볼 수 없다. 니버의 사상에서 이러한 혁신이 일어난 이유는 아마도 기독교 사상사와 사회 역사의 연구 경험에서 비롯되었을 것이다. 그는 정의가 상대적이고 도구적 개념일뿐 고정되고 분명하게 정의되는 규범이 아니라는 것을 알고 있다. 그런데도 이러한 실용적 발견을 넘어서서 그는 다른 관점들이 제기하는 문제점 일부를 실제로 해결한다. 정의를 저울 위의 고정된 점으로 표현할 수 있다고 생각한다면, 어떻게 이 점을 알 수 있으며, 어떻게 계시적 권위가 전달되는지를 물을 수 있다. 니버는 주어진 임의의 점에서 사용하게 될 정의의 개념이 고정된 양이 아니므로 이 문제들을 피한다. 이것은 정의를 나타내는 선이 두 개라는 것을 의미한다. 초기에는 실천의 차원이 도표 위에 표시될 필요가 없었던 반면에, 국가를 판단하는 규범들은 국가가 행하는 것에 의존하지 않기 때문에 실제 행위의 차원을 표시하게 되었다. 왜냐하면, 다른 어떤 지향도 있을 수 없기 때문이다. 따라서 국가에 관한 발언의 규범이 현재의 행위보다 항상 더 높아야 하지만 그것이 부적절하지 않으려면 지나치게 너무 높지 않게 해서 그 긴장을 유지해야 한다.

초기의 이원론자 체계 안에서 낮은 수준은 계시에 의해 고정됐지만, 니버가 붙든 하나는 긴장들과 규범들의 배경의 맨 아래 놓여 있는 죄의 무게이다. 죄는 하나의 추가된 규범이 아니라 사회생활에서 경험하는 야수적 사실이다. 국가가 그것을 사랑하지 말아야 할 아무런 철학적 이유도 없다. 유일한 이유란 사실에 근거했다는 것뿐이다.

두 개의 정의의 선이 고정되어 있지 않으므로, 그것들이 정확히 인과응보와 등가의 수준, 위인지 아래인지를 묻는 것은 헛된 질문이다. 사실이 수준과 정확히 등가의 것은 실제적인 확실성으로 알 수도 없고, 알 필요도 없다. 아마도 그것은 다른 이교도 사상에서 말하는 정의와 질서 등의 개념과 같이 단지 가정에 근거해서 말한다. 다시 말해서 그것은 가치나 인식 능력에서 결코 실제적인 규범이 아니다. 정의에 도달할 수 있는지를 묻는 것 또한 한가한 질문이다. 특정한 시점에서 도표로 나타나는 상태의 참 본질에 의해서 국가에 요청하는 정의는 현재 진행되고 있는 것 이상의 것이다. 그런데도 각각의 경우에 질문하는 것은 불가능하지 않다.

'분파적' 견해들

지금까지 분석한 모든 견해는 그것이 보수주의이든 자유주의이든, 옛것이든 새로운 것이든, 평화주의이든 아니든 간에 공통점이 한 가지 있다. 그들은 결정적으로 중요한 신앙을 전혀 고려하지 않은 채 전체 사회의 도덕적 문제에 관해 말했다는 것이다. 그들은 그리스도인을 두 종류로, 혹은 개인과 사회로 구분하지만, 신앙과 불신앙 사이, 또는 신앙과 불신앙 사회의 사이의 차이를 주목하지 않는다. 그들은 그리스도인들이 비록 의롭게 되어도 여전히 죄를 범하고, 더 나아가 사회적 책임이 있는 그리스도인이 마치 기독교의 사랑을 필요로 하지 않는 일도 해야 할 의무가 있다고 말한다. 또한, 그들은 기독교적 관념론idealism을 시도하는 것조차도 용납하지 않는다. 사회의 주요한 부분이 구성된 것이며 사회는 물론이고 심지어 국가마저 자신들의 이기심의 수단으로 활용하는 사람들로 사회가 구성되어 있다는 사실을 전혀 심각하게 고려하지 않는다.

이제부터 우리가 살펴보고자 하는 관점들은 신앙을 고려한다는 점이 특징이다.('분파적sectarian'이라는 용어가 그 원형이 처음에는 비록 경멸적인 의미가 있었지만, 이제는 우리가 여기서 의미하는 것과 같이 때로는 설명에 적합한 별명을 가리키는 것으로 사용할 것이다.) 이는 우리가 중세 시대부터 라인홀드 니버에 이르기까지 모든 사람이 시도했던 것처럼, 더는 단 하나의 도표 위에 우리 문제를 적절하게 표현할 수 없다는 것을 의미한다. 대신에 우리는 두 개의 도표를 가져야 한다. 하나는 윤리적 영역을 위한 것으로 여기서 믿음은 그 조건이 된다. 다른 하나는 그렇지 않은 영역이다. 이 구분은 비록 조직화한 교회가 신앙의 영역이고 사회의 나머지는 불신앙의 영역으로 구분한다는 가정을 하지만, 서로 다른 두 개의 집단을 가르는 구분이 사회학적이라고 생각해서는 안 된다. 도표 위에 중간선은 사회가 아니라 문제 영역으로 나뉜다.

F. 여호와의 증인들

신앙의 영역에서 적용되는 윤리 기준은 그리스도의 아가페가 아니라 구약과 신약의 법이다. 그런 점에서 여호와의 증인들Jehovahs Witnesses

[도표5]

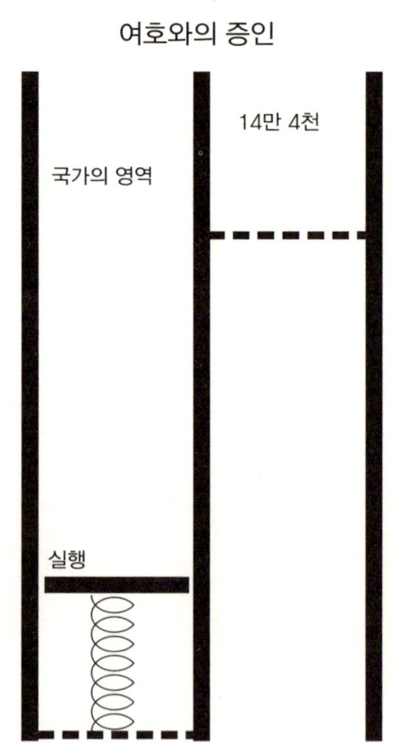

은 청교도들과 유사하다.

그러나 우리의 주된 관심은 그 계보가 어느 쪽인가에 있지 않다. 우리는 그 규범들에 관심을 두고 있다. 그 규범들이야말로 믿지 않는 사회를 끌어들일 수 있다. 그러나 여호와 증인들의 생각처럼 국가가 악마적이라면, 국가를 유지할 아무런 규범이 현실적으로 존재하지 않는다. 여호와의 증인들은 그들의 당연한 자유를 옹호하기 위해 종종 법정에 서게된다. 그러나 이렇게 하는 것은 그들이 국가의 의무에 관심을 쏟기 때문이 아니라, 공적인 내용을 고려해야 할 처지에 몰려 있기 때문이다. 만약 국가가 그들의 신실함을 박해할 수 없다면, 실제로 국가의 악마적 본성에 의해 핍박을 받는 것이 더 나을 것이다. 국가가 자신의 본질을 초과하기도 한다. 이런 상황에서 정치인이나 제도의 특정한 의무에 관해 말한다는 것은 헛된 일이다. 그렇다면, 그 유일한 메시지는 개인들을 144,000명에 포함되도록 불러서 가입시키는 것이 소명이 될 것이다.

G. 전통적인 아미시 메노나이트

교회와 세상 사이에 차이가 있다는 여러 분파의 견해와 분명한 구분을 하려고 여호와의 증인들이 갖는 견해를 제일 먼저 언급하였다.

전통적인 메노나이트주의Mennonitism는 여호와의 증인들처럼 신앙의 영역과 불신앙의 영역 사이를 구분한다. 그러나 여호와의 증인들과 달리 이 구분은 교파적 우호관계라는 협소한 바탕 위에서 도출되지 않으며, 교회의 모든 것이 메노나이트주의 안에 있다거나, 세상의 모든 것이 그 밖에 있다는 주장을 하지도 않는다. 여호와의 증인들과 달리, 메노나이트와 아미시는 의무를 더 잘 수행하라는 소명을 국가에 적용할 수 있는 기준을 갖고 있다. 분명한 전통적인 사례는 종교적 박해의 적법성을 살펴보는 것이다. 동시에 그들은 아가페의 수준보다 더 낮은 수준에서 국가를 위해 일하는 것이 필요하다는 사실을 인정한다. 아미시 중 어떤 사람들은 사형을 적법한 것으로 수용하며, 현대의 보수적인 메노나이트들은 자유주의적 평화주의를 반대하는 주장을 펼친다는 점에서 유사하다. 따라서 이 관점은 이미 존재한다고 추정되는 독특하고 분명한 하위 기독교의 규범적인 정의를 인정한다는 점에서 가톨릭과 루터교의 관점과 비슷하다. 헌신한 신앙인에게 온전히 그리스도를 따르는 길

[도표6]

아미시 전통

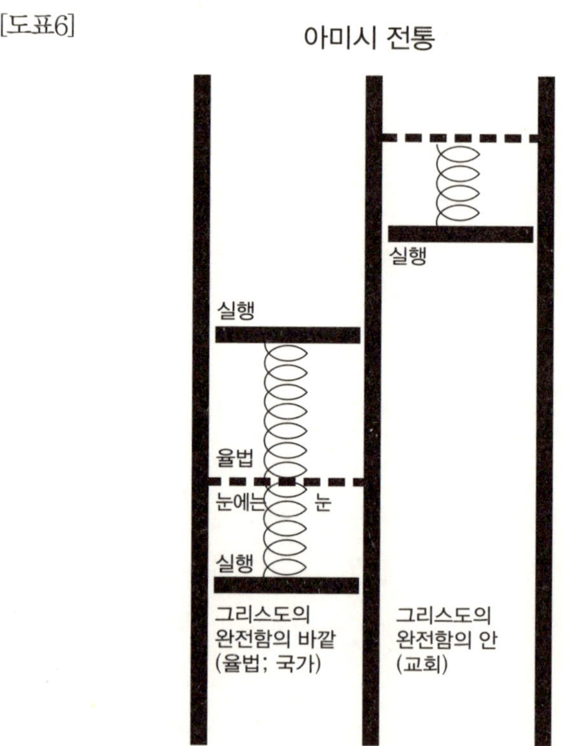

에 궁극적인 것은 전혀 없다. 마찬가지로 지상의 정의를 이루려는 자는 그것을 달성할 수 있다고 전제하여야 한다. 왜냐하면, 그 요구는 단호하고 이미 잘 알려졌기 때문이다.

기독교인의 행동 기준에 대한 설명은 초기의 견해들과 매우 분명하게 다른 차이를 보인다. 전체 신약의 비전인 구속력 있는그리고 가능한 제자도 규범은 신자를 위한 것이다. 국가로부터 제자도의 실천을 기대하는 비현실적 '평화주의자'는 없다. 그런데도 세상사에 관심을 두는 이 입장은 앞에서 논의했던 로마 가톨릭과 루터교의 관점들과 똑같은 비판을 받는다. 그것은 그리스도와는 독립적인 정의의 기준을 제시하기 때문이다. 이 입장을 견지하는 이들 중에서 더 보수적인 대표자들은 모세의 법률을 말할 것이다. 최근의 해석자들은 때로 그레코 로만의 공정한 보복이라는 개념을, 혹은 자신의 실존을 방어하는 국가의 실용적인 의무를 말하기도 한다. 이 독립적인 기준을 그리스도와 무관하게 알 수 있고, 또한 그리스도와 무관하게 성취할 수 있다는 점에서 그리스도 밖의 계시가 존재한다는 주장을 일으킨다. 그뿐만 아니라 그리스도 안의 하나님이 모든 세상의 '주'라는 성서의 주장을 의심케 한다는 점에서 이의를 제기할 수 있다.

두 개의 기둥을 구분하는 수직선은 교회 구성원과 그렇지 않은 자, 또는 세상 안에 있는 자와 그렇지 않은 자 사이를 제도적으로 구별하자는 것이 아니라, 불신앙과 대비되는 신앙만을 의미하는 것으로 해석된다. 그러나 만약 두 영역 사이에서 기준들의 다양성이 지나치게 강조된다면, 사회적으로나 심지어는 지리적으로 안과 밖이라고 생각하게 된다면, 두 영역 사이의 선이 너무 강하게 '경직'된다. 그 결과 선교 명령과 국가에 대한 증언의 적절성 모두를 약화시키는 유혹에 빠지게 된다.

H. 새로운 제안

　여기서 제안한 도형은 사랑의 규범이 교회 안에서 유일한 기준이라고 주장하고, 신앙과 불신앙의 전제 사이의 구분을 변호하고, 그 사랑의 규범에 미치지는 못하더라도 세상의 기준과 성취를 현실적으로 기대하고 있다. 그런 점에서 이 도형은 자기희생과 청교도적 박애와는 뚜렷하게 다르다. 그러나 사랑의 실천이 역사적으로 가능하고 적절하다고 주장한다는 점에서 전통적인 분파들의 관점과 일치한다.

　불신앙의 영역에 고정된 정의의 기준이 존재하고, 그것을 인식할 수

[도표7]　　　　　　　　　　새로운 제안

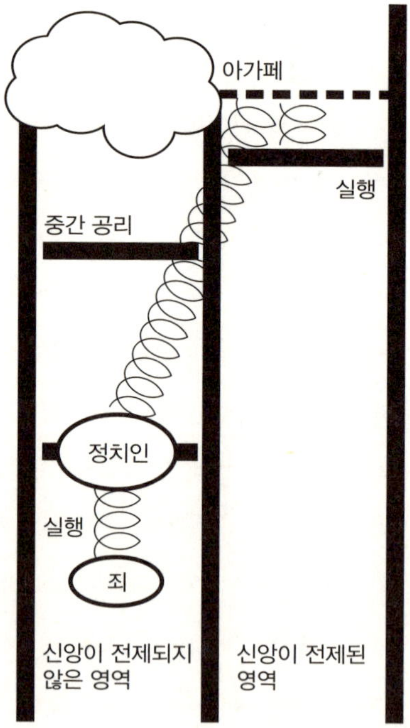

있다는 가능성에 대해 이의를 제기하는 중세적 입장과 달리, 이 제안은 전통적인 분파적 관점과도 다르다. 이 차이가 얻을 수 있는 신학적 이점은 앞에서 언급한 라인홀드 니버와 관련해서 이미 논의하였다 그러므로 우리는 사랑 외에 하나님의 의지에 의해 정해진 또 다른 어떤 규범이 있다는 확언을 피하고자 한다.

세상에서 적용할 수 있는 실천의 기준들을 억제하게 하는 것은 죄의 부담이다. 하나님께서 세속 사회를 위해 더 낮은 질서를 계시해 놓았기 때문이 아니다. 하나님의 유일하며 궁극적인 의지는 그리스도 안에 계시해 놓으셨다.

불신앙의 세계에서 개별 시민이나 정치인은 신앙 세계로부터 자신을 분리시켜 놓은 벽을 꿰뚫어볼 수 없다. 아가페의 규범이 이해할만하고 적절하다는 요점은 불신앙의 장벽이 눈금의 정점에 있지 않다는 것이다. 그가 직접 위를 바라보더라도 그가 볼 수 있는 것은 구름, 즉 자기희생이라는 이상적인 요구에 대한 두려움 안에서 의미 있는 대안을 보기보다는 자살과 같은 구름만을 볼 뿐이다. 아가페가 그에게 의미 있는 것은, 그의 시야 밖을 벗어나 벽을 통과하는 신앙의 영역 내에서만 작동하는 사랑의 적절성을 대표하는 "스프링"이기 때문이다. 이 차원에서 규범은 이교도의 용어들자유, 평등, 동포애, 교육, 민주주의, 인권로 명확하게 표현될 수 있다. 규범 N 선이 나타내는 것은 고정된 점이 아니다. 불신앙의 세상에서 호소할 수 있는 가장 높은 단계를 나타내는 하나의 투사이다.

"스프링"이 정의의 선 위에 충돌하는 점은 개인이다. 그는 신앙의 도약에 호소할 수 있다. 이것은 그 이전에 주장했던 기준들의 방향에서 보았던, 위를 향하는 작은 도약일 것이다. 비록 이것조차도 명백하게 신앙을 요구한다 할지라도 말이다. 혹은 불신앙의 장벽을 헌신한 제자도로 뛰어넘는 것은 진정한 신앙의 도약일 수 있다. 비록 그 규범들의 타당성을 갖는 궁극적 근거가 그리스도의 사랑이지만, 이 규범들앞의 용어로는 중간 공리이다은 이교도의 용어로 전혀 당혹감 없이 표현된다는 것을 관찰할 수 있다. 사실 그런 사랑의 적절성에 관한 반성이나 투영을 제외한다면 남은 것이라고는 하나도 없을 것이다.

그러므로 기독교가 다른 전제를 가진 정치인에 대한 사회비판을 그리스도 밖의 형이상학적 가치에 근거를 두지 않으면서도 이교적이거나 세속적인 전문 용어를 사용해서 설명하는 것은 가능하며 도표로도 표현할 수 있다.

교회는 국가가 범죄의 억제나 군비 준비를 제대로 못 했다고 비판하는 것과 현재의 국가가 더 잘 하도록 '정의'를 가시화하는 것 사이를 혼동할 수 있으며, 그 가능성을 피해야 마땅하다.

8. 국가의 이론적 이해

A. 로마서 13장과 국가 제도

　대부분의 전통적인 유럽 신학은 로마서 13장과 그와 유사한 성서의 표현에서 국가를 창조 혹은 섭리 안에서 하나님의 특별한 행위를 따라 제정된 신적인 것이라고 가르친다. 이것은 두 가지 방식으로 해석하는 것이 가능하다. 하나는 실증주의적positivistic이라는 명칭을 붙일 수 있다. 일부 루터교 전통에서 가장 극단적인 형태를 보게 된다. 이 견해에 따르면, 국가는 하나님이 제정한 것이므로 주어진 시간과 공간에 현존하는 어떤 국가라 할지라도 그것은 하나님이 바로 그때와 그곳에 존재하도록 의도하신 국가라고 결론을 내린다. 따라서 기독교는 국가의 의지를 하나님의 의지, 즉 하나님의 통치로 받아들여야 한다. 만약 하나님이 당신의 섭리 가운데 비스마르크나 히틀러를 권위의 자리에 두셨다면, 이는 그 민족을 향한 하나님 의도를 계시하는 것이며, 모든 그리스도인은 믿음으로 받아들이고 순종하는 것이 의무이다. 루터가 16세기에 생각했던 제후가 오늘날의 직업적인 정치인으로 대체된 것이며, 순박한 기독교 시민이 자신의 정치적 판단을 위임하는 것과 유사한 방식이다.

국가를 신적 기관으로 이해하는 다른 가능성을 우리는 정통주의적 legitimistic이라고 부를 것이다. 이는 개혁주의 전통 내에서 수용하여 더욱 발전하였다. 정통주의자들은 성서적인 것과 합리적인 고찰을 결합한다. 그리고 로마서 13장에서 하나님이 국가를 신적인 기관으로 완성하려는 처방들의 기본적인 윤곽을 발견한다고 말한다. 이러한 요구들을 충족하거나 혹은 적어도 그렇게 하려고 진지하게 시도하는 국가는 정당하며, 그리스도인들은 마땅히 순종해야 한다. 그렇지 않은 국가, 특히 정의와 박애라는 하나님의 기준에 반하는 국가로 자신을 계속 확립하고자 할 때에 그것은 비국가non-state이며 오로지 파멸되어야 할 가치만 있을 따름이다. 그리스도인들이 그러한 비국가에 순종하든 저항하든, 그는 순수하게 실용적인 기반 위에서 결정할 수 있다. 그는 '양심을 위해' 순종할 의무가 없으며, 하나님의 뜻을 해석하지 않아도 된다.

실증주의적 입장을 제2차 세계대전 동안의 소위 독일적 기독교가 대표한다면, 오늘날은 아데나워 지지자들, 예컨대 퀸네트Kunneth 교수와 극단적인 신학적 대변자들 등의 개신교 진영이 주장한다. 반면 정통주의적 입장은 전쟁 기간에 칼 바르트와 고백 교회가 대표적이다. 또한, 그 극단을 극명하게 보여주는 것은 오토 디벨리우스 주교이다. 그는 동독의 마르크스 정부가 기독교적 도덕 기준에 헌신하지 않았기 때문에 실질적으로는 정부가 아니라는 결론을 이끌어낸다. 디벨리우스 주교에게 정부는 도덕적 권위를 지녔기 때문이 아니라 단지 불편을 피하려고 그 규칙에 순종한 것이다.

독일 사상가들은 두 개의 논리적 길을 아주 명료하고 한결같이 성립하였다. 그러나 덜 철저한 분석가가 보기에도 골치 아픈 문제가 있다. 단지 두 개의 방법만이 있어서 우리는 반드시 그들 중 하나를 선택하거나 혹은 둘을 어색하게 혼합한다. 각 입장을 극단적으로 수행하는 것은 분명히 건전하지 못하고, 건강하게 표현할 때 각각의 것은 나름 의미는 있다.

논리적이고 성서적으로 적합하게 해결하는 실질적인 약속은 두 개의 관점을 혼합하거나 통합하는 시도가 아니다. 그들이 딛고 서 있는 전제가 부적절하다는 점을 발견하는 길이다. 양쪽 모두 로마서 13장은 하나님이 특별한 섭리 혹은 창조적 행위로 국가를 설립하고 제정했다고 단언한다는 점에서 일치한다. 그렇다면, 논쟁은 그것이 이상적인 국가를 제정했는가 아니면 경험적인 국가를 제정했는가에 관한 것뿐이다.

좀 더 신중한 최근의 주석과 조직신학적 분석에 따르면, 이 본문에서 바울의 의도가 일종의 국가의 형이상학이나 존재론을 제공한 것이 아니지 않느냐는 의심을 할 만한 충분한 이유가 있다. 바울은 단지 로마에 있는 그리스도인들에게 정부가 설령 자신들을 박해하더라도 반역하지 말라는 것을 말하고 있다. 그들은 하나님께서 당신의 섭리 가운데 국가 안에서 그리고 국가의 이면에서 권력을 이용하신다는 확신을 하고 있다. 국가는 제정된 것, 다시 말하면 설립된 것이 아니라 오히려 하나님께서 당신의 목적을 성취하려면 파기할 수 있는 경험적 실재로 허용했다. 그래서 바울에게는 국가의 어떤 도덕적 기준이나 정치적 의도들 혹은 어떤 국가가 적합한가에 관한 이론을 신의 이름으로 승인하려는 어떤 암시나 의도가 없었다.50)

이 견해는 로마서 13장에서 어떠한 국가라도 복종하라는 교훈을 발

---

50) 현대 영어 성서(NEB)는 '하나님 아래에서' 라는 헬라어를 '하나님의 행위에 의하여' 로 확대하여 해석하는 전통적인 '제정' 관점을 따른다. 바울은 로마나 페르시아, 스키타이와 같은 특정한 정부를 설립(마치 이스라엘을 창조하시는 하나님의 행위와 마찬가지로)하는 어떤 특별한 신적 활동을 단언하지 않는다. 바울은 어떤 대리자가 통치하든지 간에 그것은 하나님의 질서 내에 있다고 말하고 있다.

견한다는 점에서 정통주의적 견해와 두드러진 차이가 있지만, 도덕적 판단이나 실천적 의도를 신의 이름으로 보증함으로써 국가를 수용하는 것을 거부한다는 점에서 실증주의적 견해와도 다르다. 그리스도인의 도덕적 지침을 실제로는 국가에게서 받는다는 뜻에서 그리스도인은 국가에 순종하라고 부름 받지 않았다. 마치 국가가 그곳에 존재하지 않기라도 하듯 행동하고, 반역하지 말라는 단순한 의미에서 복종하도록 부름 받았다. 그가 국가에 순종하든, 그리고 자신의 복종이 국가의 형벌을 받거나 불순종의 형태로 나타나든지 간에 국가가 그에게 요청하는 것에 의존하여 행동한다.51)

B. 신약에서 국가의 두 얼굴

종종 사용되는 설명의 패턴은 무저갱에서 나온 악마적 짐승에 대한 비전을 설명하는 계시록 13장도 로마서 13장과 마찬가지로 대등한 구조를 이루는 하나님의 명령으로 받아들이고, 국가에 복종하라는 권면으로 본다. 어떤 사람들은 이것은 국가에 대한 초기 교회가 가졌던 태도의 불일치를 증명한다고 주장한다. 그러나 좀 더 진지하게 연구하는 더 많은 사람은 국가는 어떤 시대를 막론하고 두 형태 중 하나로 존재한다고 주장한다.52) 한편, 국가는 아주 신중하고 정직한 질서의 도구가 될 수 있

---

51) 크랜필드(C. E. B Cranfield)는 바울이 순종에서 비롯되는 아주 독특한 점을 기록한다는 것을 대단히 명쾌하게 설명하고 있다. *New Testament Studies*, VI(1960) 분책 3 (April), pp. 241ff., "Some Observations on Romans 13:1-7." 다음을 참조하라. John Yoder,『예수의 정치학』, IVP역간, pp. 193ff., 212.
52) 로마서 13장과 계시록 13장이 서로 상반되는 두 개의 대안이라는 가능성을 주장하는 잘 알려진 텍스트로는 칼 바르트의 것이 있다. (W. Herberg, *op. cit.*, 114ff.).

다. 그리스도인의 임무는 로마서 13장에서 명령한 복종이다. 다른 한편으로 국가는 하나님의 법에 직접적으로 반역하는 묵시록의 짐승으로 상징적으로 표현되었다. 국가의 권위나 존재의 권리를 부인하는 것이 교회의 책임이라고 생각할 만한 가능성도 존재한다.

이 분석이 조명하는 바와 같이 신약성서의 증언을 내적으로 한결같이 이해하려는 욕구와 어떤 점에서는 부정적인 판단을 자진해서 기꺼이 수용하는 우리의 방식에는 고려해야 할 점이 많다. 국가는 그 이념적 특성상 '종교적' 주장들을 쉽사리 받아들이지 않는다는 점에서 보듯이,53) 기존 국가가 하나의 범주에서 다른 범주로 이동할 때, 그 과정을 명확하게 볼 수 있는 객관적 기준이 무엇인지를 알기란 참으로 어려운 일이다.

계시록 13장이 직접적으로 국가에 관심을 두지 않기 때문에 좀 더 세심한 주의가 필요하다. 분명히 '짐승'은 정치적 상징이다. 그러나 그 본문의 총체적인 관심은, 다시 말하면 그 비전의 의미는 무엇이 국가를 불의한 국가로 만드는가에 관한 토론이 아니다. 오히려 우상 숭배적이고 신실하지 못한 방식으로 국가와 결탁한 교회의 대표자들의 신실하지 못함에 관한 것이다. 즉, 계시록 13장의 주제는 배교이지 정치가 아니다.

정통주의적 접근법은 전통적으로 한때 국가를 불의한 존재이므로 더는 그리스도인이 존중할 수 없고, 오히려 반란 세력의 지지를 뒷받침하는 본문으로서 로마서 13장과 계시록 13장 사이의 차이를 파악하였다. 그러나 이러한 해석의 성서적 근거는 없다. 계시록 13장에서 그리스도

"국가가 하나님께 봉사하는 정치적 질서의 중요성을 분명하게 하는가 아니면 모호하게 하는가? 로마서 13장처럼 하나님의 대표나 제사장의 본령이 되어가는 도중에 있는가 아니면 계시록 13장의 바다에서 올라온 짐승이 되어가는 도중에 있는가 라는 질문을 국가는 모면할 수 없다. 그것은 이것 아니면 저것이다."–Karl Barth, *The Knowledge of God and the Service of God*. Hodder and Stouhgton, 3d. ed. 1955, p. 226(강조는 요더의 것)
53) 위의 연구 37쪽 이하를 참조하라.

인의 과제는 정치적으로 적절하게 반역을 꾀하는 것이 아니다. 대신에 '성도의 인내와 신실함'으로 고통스럽게 복종하는 것이다.

차라리 우리는 로마서 13장과 계시록 13장은 모든 국가의 활동의 두 측면을 나타낸다고 말하는 것이 나을 듯하다. 어떤 국가를 보더라도 종교적이고 정치적인 동기가 결합하고, 자기를 영화롭게 한다. 칼을 휘두르는 것은 항상 어느 정도의 불신앙을 나타낸다. 그리고 그것을 축복하는 교회는 항상 배교의 척도가 된다. 다른 한편으로 그럼에도 모든 국가는 로마서 13장에서 보듯이 '하나님 아래'에 있어서 하나님의 우주적인 구속의 계획 속에서 정의와 불의를 동등하게 결합한다. 그리스도인의 의무가 더는 논란거리가 되지 않을 정도로 어떤 국가라도 정의의 수준이 상대적으로 낮지 않다. 국가는 제 스스로 영화롭게 하고 그 결과로 생기는 불의가 있으며, 그리스도인들은 이에 동조하기를 거절한다. 그래서 어떤 국가도 그리스도인들이 어느 정도의 고난을 받지 않을 만큼 수준이 높지 않다.

C. 있는 그대로의 국가

그리스도인이 국가를 향해 증언할 때, 국가의 존재와 당위에 관한 이론 중 어느 하나를 선택하지 않아도 된다는 것을 결정적으로 주목하게 된다. 우리가 주장하는바, 권력자들을 향한 증언은 그들을 한 사람의 인간으로 사랑하는 마음이 동기가 되어야 하고, 그 증언은 갱신의 약속과 심판의 메시지 안에 있는 사회적 영역을 아우르는 것을 포함한다. 또한, 우리가 선포하는 복음의 참된 의미에 뿌리를 두고 있어야 한다. 우리는 교회의 중심 안에서 이 증언을 발견하며, 교회 사역의 도구로서 정치적 질서와의 관계를 발견해 왔다. 우리는 우상 숭배의 거부에서 그러한 증언을 본다. 다시 말해 국가에 대한 증언은 결코 국가의 존재와 당위에 관한 이론에 기초를 두지 않을 뿐 아니라 '본래' 국가를 위한 증언도 아니다.

국가에 대해 발언하는 까닭을 말하는 것은 곧 국가가 어떻게 움직이는지에 관한 말에도 응용할 수 있다. 우리는 정치인들에게 구체적인 이론에 근거하여 주장하지 않는다. 다수의 목소리가 어떤 경우에도 오류가 없다고 믿지도 않는다. 우리는 사회계약의 토대에 근거하는 국가가 점차 민주화를 증대하여 달라고 요구해야 한다. 우리는 국가가 자신의 헌법을 다른 어떤 것보다 더 좋은 헌법이라고 건방지게 생각하지 않으면서도 그것을 존중하여 달라고 요구한다. 우리는 정치인들이 모든 사람을 위한 고유한 의무를 제정해 놓은 자연이나 창조의 '질서들' 안에서 판단하고 조직한다는 확고한 믿음이 없어도, 가족, 노동, 그리고 학교의 영역 안에 있는 항구적인 가치를 존중하라고 요구할 수 있다.

로마서 13장의 고전적 이해를 개관한 위의 설명을 포함해서 국가에 대한 대부분의 전통적인 접근법들은 국가의 존재와 당위가 무엇인가에 대한 일반 이론에서 시작하여 국가에 속한 사람을 지도하는 특정한 교훈들로 연역하는 과정을 밟는다. 이 방법은 대부분의 타당한 진리들은 가장 일반적이며, 보편에서 개별로의 추론의 과정이 진리와 그 적용에 대한 이해를 심화시키는 가장 신뢰할 수 있는 방식이라고 가정한다. 더 나아가 이러한 방법론을 사용하는 기독교는 일반화의 형식 안에서 국가에 대한 계시가 주어지며, 또는 역사로부터의 구체적인 진술이나 예시가 광범위한 일반화의 다리를 건널 수 있게 해준다고 가정하는 경향이 있다.

비록 그 자체로 질문의 여지가 있긴 하지만, 이러한 연역 과정이 그런 식으로 작동하는 국가 이론들에 관한 가장 미심쩍은 점은 아니다. 더한층 의심스러운 것은 이런 접근에 내재된 몇몇 전제들이다. 하나는 다음의 시험적 질문에서 볼 수 있다.54) 만약 이러한 기독교 접근방법이 극단적으로 실행된다면 어떤 일이 발생할 것인가? 만약 기독교에 질문하는 것을 모든 사람이 묻고, 또 최대한으로 실행한다면 어디에 도달하겠는가?

이것은 윤리학에서 일반화의 기준, 즉 도덕적 판단이 어떠한 제한도 없이 모든 사람에게 적용될 만큼 타당하다는 전제를 적용한 것이다. 그럼에도, 우리의 문명 안에서 공리로 받아들여지는 이 가정이 근본적으로 비성서적이라는 사실을 주목해야 한다. 이 가정은 기독교의 도덕적

---

54) 고든 클라크(Gordon Clark)는 *Christianity Today*(Vol. IV, No. 9, Feb. 1, 1960, p. 354)에 "사형 반대자들이 시민적 권위에 대한 자신들의 이론을 형성할 때까지, 더는 아무런 말을 할 필요가 없다…"라고 적고 있다. 참으로 일관된 철학자로서 클라크 교수는 사람들이 성서나 다른 원천에 근거한 정부에 관한 이론을 말할 수 있다고 가정한다. 그 이론은 극단적으로는 우리가 정부를 반역할 가능성뿐만 아니라, 또한 반드시 정부의 존립과 정부에 대한 구체적인 비판이나 제안을 할 수 있는 근거 모두를 설명해야 한다. 만약 정부의 존립을 정당화하는 이론을 가지지 못한다면, 그는 정부의 행동을 비판할 근거도 갖지 못한다고 추정한다.
　우리는 클라크의 선 전제가 논리적으로 일관성을 갖는다는 것을 존중해야만 한다. 그러나 그것은 논리적 전제일 뿐 그것이 곧 성서적 확증은 아니다. 국가는 존립하기 위해 이론적으로 정당화될 필요가 없다. 국가에 대한 우리의 발언이 국가의 존재에 관한 이론을 반드시 가져야 한다는 전제는 비판의 본질과 근거에 의존한다. 칼빈과 클라크는 국가의 존립과 교훈은 똑같은 신정정치적 이상을 근거로 하고 있다고 말한다. 그러나 클라크는 그들이 이 공리를 공유하는 것과 다른 입장을 요구할 논리적 권리가 없다. 귀류법(reductio ad absurdum)[예를 들어, 어떤 명제가 참이라고 주장할 때, 그 명제를 부정하게 되면 불가능하거나 불합리한 논리적 모순이 발생하게 된다는 것을 밝혀내어 그 명제의 정당성을 간접적으로 주장하는 방법이다. 그 반대도 마찬가지다. —역자 주]에 따라 다른 사회비판을 하는 가능성에 그는 이의를 제기한다. 따라서 그것은 실질적인 논증이 아니라 철학자의 신앙 고백이다. 바울의 로마인의 규칙(Roman rule)의 수용이 클라크에게는 핵심적인 이념인 국가를 위한 기준들은 창세기로부터 읽어야 한다는 생각을 쓸모없게 만든다.

판단이 중생, 용서, 교회, 그리고 기독교적 희망과 결부되어 있다는 사실과 신앙의 영역 밖에서도 똑같은 적절성을 갖지 않는다는 사실을 망각한다. 자신을 부인하라는 기독교의 메시지에 귀 기울이고 순종하는 국가는 개념적으로도 불가능하다. 그러한 결과에 대한 두려움은 하나님 명령의 선포가 지니는 어떤 요소를 무시하는 것이다. 그것은 결코 정당하지 못하다.

국가 이론에서 먼저 출발한 방법론의 단점은 존재와 당위 사이의 구별을 명료하게 하는 능력이 본래 갖춰지지 못했다는 것이다. 이론적인 국가의 개념이 더욱 명료할수록, 현실적인 국가의 기능을 더욱 적절하게 기술하고 발언하지 못한다. 여기서 도출해낸 논리적 결론은 정통주의적 관점에는 적어도 반역의 차원이 항상 함축되어 있다. 그리고 어떠한 국가도 성서적으로 완전한 권위를 부여받지 못했다. 또 다른 논리적 가능성은 아주 극단적으로 허용하거나, 딱 들어맞는 비판이 불가능하게끔 애매모호한 태도로 그 이론을 보호하는 것이다.

D. 다른 영역인 것

로마서 13장의 논의와 이 문제에 접근하는 다양한 방법들을 도표로 요약하려는 시도 이면에는 우리가 지금보다 직접적으로 접근하려는 주제가 되풀이된다. 어떤 사람들에게 이 주제는 자연법으로 혹은 더 넓게는 자연 신학natural theology이라는 명칭이 적절할 것이다. 그러나 이 용어를 반대하는 많은 사람은 우리가 "바로 다른 그 영역"이라고 규정하는 것과 그리고 그것을 신학적으로 평가하려는 사고의 양식을 다른 제목으로 말하고 싶어 한다.

이러한 다양한 계보들은 한편으로 공공연한 죄와 다른 한편으로 예수 그리스도와 십자가 안에 계시된 하나님의 뜻 사이의 어떤 곳에 생각이 머물러 있다는 공통점이 있다. 계시 안에 뿌리를 두는 이 권위는 말하든, 말하지 않든지 간에 도덕적 구속력을 갖는 고정된 어떤 지점 위에 놓여 있다. 위에서 간략히 살펴본 바대로, 이러한 이해는 일반적으로 우리가 '정의' 라고 명명하는 고정된 선으로 표현된다. 그런데도 정의를 하나의 고정된 점이 아니라는 라인홀드 니버의 경우는 어떤 상황에서는 정의가 도덕적으로 사람들에게 구속력이 있는 분명한 가치이지만, 아가페와는 같지 않다.

리처드 니버는 삼위일체론이라는 틀을 제시하여 좀 더 신학적이고 도덕적인 공리의 근거를 추구한다. '다른 기준들' 이 창조 안에 근거한다고 생각하는 한, 그는 기준들이 성부 하나님에게서 비롯된다고 말한다. 또한, 기독교 공동체의 경험 안에서 역사적으로 표현되었다는 점에서 그는 그것들을 성령과 동일시하고 싶어 한다.55) 이 영역에 관해 가장 폭넓은 전통은 우리가 자연법 논의를 다루면서 이미 언급하였다. 보편적 사회이거나, 특별한 개인이나 기관이든 간에 '자연' 안에는 도덕을 구속하는 규범이 있고, 그 규범을 인식할 수 있는 능력의 원천을 구성하는 어떤 특정한 유형의 도덕적 통찰력의 차원이 있으며, 또는 그것을 수행하는 능력이나 이해가 존재한다. 자연법 사상을 거부하는 칼 바르트의 전통의 신학자들은 그들이 인정하는 것 이상으로 자연법 사상의 패턴을

---

55) 이러한 '삼위일체론적' 분석은 『그리스도와 문화』(대한기독교서회 역간)의 논의에서 중요한 주제인데, 이것은 고(故) 니버 교수의 초기 논문에서 이미 개략적으로 소개되었다. "The Doctrine of the Trinity and the Unity of the Christ," *Theology Today*, October 1946, pp. 371 ff. 신성의 세 인격은 기독교적 통찰의 독특한 원천일 뿐 아니라, 모순된 정언 명령들을 제공하기도 한다.

실제로는 가지고 있다. 그래서 '국가 자체'의 개념이나 혹은 '합법적 국가' 개념을 여전히 갖고 있는 것이다. 그 신학자들에게서 국가가 초연함에서 우상숭배로 이동하는 바로 그 지점, 다시 말해서 국가가 종교적 주장을 하는 지점을 아주 정확하게 확인하는 것이 가능하다고 가정하는 경향을 가장 뚜렷하게 볼 수 있다.

위에서 인용한 모든 사상가가 서로 매우 다르지만, 근본적인 사안을 처리할 때 그들 모두를 한 그룹으로 묶을 수 있도록 해주는 공통적인 것은 무엇인가

a) 그들 모두는 예수의 가르침과 모범과 곧바로 조화를 이루지 못하는 인간의 행위는 예수 그리스도와 구별된 윤리적 기준이 필요하다고 말한다. '다른 수준'의 도덕적 책무가 전적인 순종과 전적인 반역 사이에 임의적인 중간점에 존재한다는 것은 그리 간단한 문제가 아니다. 그러나 이 모든 입장은 그리스도와 동떨어진 채로 존재하며, 또한 그것을 알 수 있다고 주장한다.

우리가 이 영역을 전통적인 로마 가톨릭과 같이 '도덕 신학'과 구별되는 '도덕 철학'이라고 지칭하든지, 혹은 루터교와 에밀 브루너처럼 '창조의 질서'라고 하든, 디트리히 본회퍼처럼 '위임통치mandates'라고 하든, 라인홀드 니버와 같이 '그레코 로만의 정의의 개념'이라고 하든, 혹은 자연법이라고 하든, 그것은 대수롭지 않다. 그들 모두의 공통점은 '정의'에 대한 다른 기준을 1) 예수 그리스도와 별개로 알 수 있으며, 그리고 2) 인간에게 요구하는 것은 예수 그리스도와 무언가 다르다고 암묵적으로 혹은 노골적으로 주장한다.

b) 이 기준들은 예수 그리스도와 구별되어 인식될 뿐만 아니라, 도덕적인 구속력도 있다. 적어도 대부분 사람가톨릭 사상에서 사제를 제외하고에게 혹은 인간 행위의 대부분 영역마르틴 루터나 라인홀드 니버의 사상에서 순수하게 개인적인 관계들을 제외하고에서 인간에게 부과된 정의의 기준들은 그리스도의 사랑에서 도출된 것보다 우선한다. 이제는 고전이 된 라인홀드 니버의 어법을 사용하면, 이러한 사랑은 모든 사람에게 회개를 촉구하는 '무차별적인 비판'과 과거와 현재의 타협에 창조적 불만족을 표명하는 '차별적인 비판' 양자 모두를 비판하는 원리이다. 반면 그리스도의 사랑은 실질적으로 우리의 행동을 명령하지 못한다. 적어도 대부분 영역에서 그리고 대다수 사람이 현 세상에 요구하는 것은 정의이기 때문이다. 라인홀드 니버는 아주 다른 관점으로 암묵적인 정직과 큰 냉철함을 이끌어낸다.

c) 이러한 '더 낮은 수준'의 정의는 실제로 사회 질서 속에서 개인이 받아들여야 하는 근본적 책무이다. 그뿐만 아니라, 도덕적 구속이 필요하다면 강제적으로 고집스러운 이웃에게 부과하는 것은 정치인들의 직무이다. 모든 그리스도인 또한 어떤 점에서는 정치인들처럼 도덕적 구속력이 있어야 한다.

이 모든 입장에 대한 우리의 공통적인 비판은 양면적이다. 비판 중 하나는 그 모든 방법에 있는 공통적인 의심스러운 특징을 제출하는 것만으로도 충분하다. 그렇지만, 우리가 비판하는 두 입장이 지닌 공통점이 서로 일치하지 않는다면 비판의 과녁을 잃어버리게 될 것이다.

첫 번째, 근본적인 비판은 좀 더 단순하게 말하자면더 적절한 용어로는,

교리에 관한 것이다. 정직한 기독교 사상가라면 예수 그리스도와 독립적인 계시적 권위는 자동으로 그리스도를 반대하는 권위라고 거절하지는 않더라도 크나큰 의심을 하고서 대면할 것이다. 특히 라인홀드 니버의 분석 이후로 그 모든 입장에 대해서는 논쟁의 여지조차 없을 정도로 명백하다. 그들은 국가가 책임을 져야 할 영역에서 그리스도인은 물론이고, 모든 사람이 문제 해결에 똑같은 권위를 갖는 통찰이나 이해 혹은 원리와 방법이 존재하고, 비록 그리스도우리가 신약성서에서 그분을 아는 것처럼가 무엇을 행하라고 말씀하지 않은 그것을 하라고 불렀다고 주장한다.

물론 행동의 가능성을 논증하는 것은 이러한 반대에 대한 대답이 아니다. 다른 기준의 구속력과 인식 가능성의 토대 역시 그리스도이다. 그뿐만 아니라 이들 영역에서 그리스도는 창조와 역사 가운데서 작용하는 영원한 '로고스'이다. 또는 예수 자신은 이웃의 복지를 추구하고, 이웃의 정의에 관심을 기울인다. 바로 그런 의미에서 이웃을 사랑하라는 요구의 실천이 가능하다는 논증은 반대에 대한 대답이 결코 아니다. 이러한 주장들은 신학적으로 오래되었으며, 우리가 이 문제에 관해 의문을 갖고 아주 진지하게 이해하기를 원한다면, 그 주장들은 훌륭한 신학적 견해이다. 그러나 신약성서의 그리스도에 반하는 다른 규범들을 끌어들이는 주장을 반박하지는 않는다. 이러한 용법에서 '이웃 사랑'이나 '창조와 역사 가운데서 작용하는 영원한 그리스도'와 같은 용어들은 단지 계시와 경쟁하는 주장을 말을 간단히 바꾼 것에 불과하다.

두 번째, 근본적 비판은 덜 교리적이다. 정의의 '또 다른 영역'에 계시적 측면이 있다는 주장에 반대하는 확신에 찬 논증이다. 그러한 입장을 심각하게 받아들인 노력을 분석하고, 그것을 내재적으로 비평한 것이다. 위에서 언급한 입장들이 상당히 다양하지만, 그 선택을 공유하는 그들 모두는 정의가 실제로 의미하는 바를 일일이 설명해야 하는 도전에 직면할 때, 더 단순한 제자도를 반대하는 논증이 되고 만다. 그것을 이용하는 데에 훨씬 더 많은 확신을 해야 한다는 것을 입증할 뿐이다.56)

이런 불명료성을 고전적으로 표현한 것 중의 하나는 마르틴 루터의 국가 이해의 애매모호함에 잘 나타난다. 한편, 그는 국가를 가족 질서의 확장으로 생각하여 국가를 하나의 '선한 창조'라고 말하며, 타락이 아니라 타락 이전의 창조pre-Fall creation 내의 질서를 위한 하나님의 창조적 의도의 결과로 이해한다. 그러나 동시에 칼을 행사하는 것은 국가의 의무, 즉 타락 이전의 세계에 없다고 말한다. 만약 칼을 사용하는 국가의 실질적 기능을 탐탁지 않게 여기거나 후회스러운 어떤 것으로 이해한다면, 이해할 만하다. 그러나 가톨릭이나 개신교 교리 모두는 칼은 국가의 본질 일부라고 항상 주장해 왔다. 따라서 본질적으로 상호 모순된 두 개의 국가에 대한 이해들을 융합시킴으로써 마르틴 루터는 정부에게 어느 정도의 신적 권위를 부여하여 개신교 이래로 문제가 되어온 그리스도와 정의를 독립적이 되게 하였다.

그러나 루터가 히틀러 시대에 일부 사람들이 저질렀던 것만큼 특별한 비난을 받아 마땅하다고 생각하지 않는다. 다만, 그 전형이 극단적으로 나타난 것에 지나지 않는다. 자연 안에 계시되어 분명하게 느낄 수 있는 질서를 설명하려는 모든 사람은 세계의 필요에 대한 자신의 이해를 투사함으로써 결론을 내린다. 자연의 의미는 자연적인 것이 무엇인지를 정의하려고 시도한 역사가들만큼이나 다양하다. '자연법'은 민주주의와 왕권신수설 모두, 그리고 원시 공산주의와 자본주의적 자유 시

---

56) 이 책의 33쪽 이하를 참조하라.

장 모두를 지지해왔다. 다양한 모든 입장의 공통점은 육화에 반하는 어떤 다른 규범들을 세우는 것이 가능하다는 주장이다. 그러나 이러한 규범이 어떤 것인가 질문을 한다면, 그냥 자연 안에 있다는 말 외에는 아무것도 배울 것이 없다.57) 자연은 생존을 위한 종들species의 투쟁일 수 있다. 그리고 위계질서와 권력 요구의 상호 작용 안에서 존재하는 사회적 질서일 수도 있다. 다른 한편으로 자연은 그가 되고자 원하는 사물이나 사람의 본질essence일 수도 있다. 따라서 이 단어는 변하기 쉬운 두 개의 다른 척도를 내포한다. 자연이란 유사—플라톤적quasi-platonic 본질이 현상으로 나타난 사물과는 구별된다면, 우리는 경험상 아직 현실화하지 못한 온갖 이상들을 가지게 된다. 다른 한편으로 우리가 자연을 '존재하는 사물'로 이해한다면, 우리는 경험적인 실재의 전 영역을 다루어야만 한다. 자연이 신뢰할 만한 인식의 원천이자 구속력 있는 윤리적 규범들이라는 확신은 거의 보편적으로 공유하고 있다. 그러나 그것이 자연이 입증하려는 주장의 내용인지, 아니면 그것이 미리 전제하는 진리 주장 중 하나인지를 분명하게 말하는 데 실패할 수밖에 없다.58)

---

57) 도날드 밀러(Donald Miller)는 "자연법"이 여전히 바람직하면서도 적합한 것으로 새롭게 정의할 수 있다고 주장한다("Does natural Law Provide a Basis For a Christian Witness to the State?" *Brethren Life and Thought*, Spring 1962, Vol. VII, No. 2, pp. 8 ff. 똑같은 사안에 관한 우리의 답변을 참조하라). 밀러는 "자연법"을 자연적인 것도, 법적인 것도 아닌 또 다른 의미를 부여하여 사용한다.

58) Jacques Ellul, "Concerning the Christian Attitude Toward Law," *Christian Scholar*, Vol. XLII, No. 2, 1959, pp. 139ff., 그리고 *Le Fondement Theologique du Droit*, Neuchatel/Paris, 1946. 자크 엘륄은 이 책에서 옹호하려는 관점을 가장 설득력 있게 변호한다. 우리가 정의라고 부르는 아주 복잡한 이념과 제도를 위한 '형이상학적' 근거는 다름 아닌 그것들이 현존한다는 사실을 들어 옹호한다. 즉, 우리가 그것이 이성 안이든, 사람이나 사회의 본성 안 혹은 어떤 특별한 신적인 창조 활동 안에 있든지 간에 그 밖의 다른 것 안에 근거를 두는 것은 잘못이다. 독특한 가치인 정의가 '인간의 마음 안에 기록된 것'이라든가 또는 하나님이 자연이나 사회 안에 둔 것이라는 식의 관점을 옹호하려고 여기서도 취해지는 '실증적' 입장은 철학적으로 무책임해 보인다.

의무의 두 근거 사이에 널리 알려진 특성은 우리가 지식을 실제로 얻는 방법이 선험적으로 자명한 이중성에서 비롯되지 않는다. 명백하게 갈등을 일으키는 도덕적 요구들을 이해하려는 노력으로부터 온다는 것이다. 그런 까닭에 우리는 이 문제를 더 추상적으로 검토할 것을 기대해서는 안 된다. 우리는 마치 사회질서 안에 폭력이나 보복의 특정한 양이 반드시 존재한다는 논증처럼 특정한 주장들의 기원과 정당화에 관해서만 물어야만 한다. 이것은 국가에 대한 이론적 파악보다는 표본이 되는 도덕적 사안을 다루는 첫 번째 지혜라고 인정해야 할 것이다.

그럼 서로 반대되는 이 두 주장을 어떻게 평가할 수 있겠는가? 어떤 점에서 그것은 사랑과 죄의 사실성을 구별하는 정의 자체가 신적인 제도 여부를 구분할만한 얼마간의 차이가 있단 말인가? 생각할 수 있는 유일한 평가 과정은 사악한 자아 긍정이 없었던 타락 이전 사회라는 아주 가설적인 상황을 가정하는 것이다. 그런 다음에 그러한 상황에서 폭력이나 보복이 필요한지를 묻는 것이다. 어떤 종류의 질서가 필요한가를 논쟁거리로 삼자는 것이 아니다. 이 질서 자체가 폭력이나 복수를 통해서 자신을 표현할 필요가 있는가? 이런 가설적인 낙원에서는 무엇보다도 고의적인 범죄가 없고, 다음으로 그 누구도 이기적으로 복수를 요구하지도 않으므로, 인과응보라는 응보적 정의retributive justice가 필요하다는 주장을 생각하기조차 어렵다.

마찬가지로 이러한 맥락에서 모든 사람에게 자신의 소유를 나누어 주는 분배적 정의distributive justice를 에덴의 모든 사람은 충분히 받아들인 것으로 보인다. 아가페가 그 이상을 의미할 수 있을까? 만약 아가페를 정의와 다른 것으로 정의한다면, 그러한 상황에서 정의는 소유의 포기만을 의미할 것이다. 이는 다른 사람의 더 많은 필요가 아니라 그들 자신 안에 있는 문제로서 고난과 희생 때문이다. 그러나 이것은 힌두교적 자기 부정이지 기독교적 자기희생이 아니다. 따라서 기독교의 아가페가 정의와 다른 것으로 되는 상황은 타락과 분리하여 사고할 수 없다. 그래서 우리는 정의의 유일한 토대는 그것이 이념이든 혹은 제도이든지 간에 개인적이며 사회적인 인간의 타락이라는 주장을 고수한다. 물론 우리는 자연을 반복적으로 관찰하는 과학을 통해 자연법을 계속 생각할 수 있다. 그러나 그것은 자연법 안에 있는 정의가 아가페의 도덕적 규범과 경쟁하는 도덕적 규범이라는 말은 아니다.

9. 교회/세상 이분법의 오용

A. 경건주의의 망령

본 연구의 관심은 비록 의미상 많은 차이가 있지만, 관심이 같은 세계 교회협의회WCC의 연구 분과와 세계 학생 기독교 연맹World Student Christian Federation의 선구자들이 최근에 출판한 기독교 사회 윤리의 기초 연구와 상당히 일치한다. 1948년의 암스테르담 대회와 1954년의 에반스톤 대회 사이에는 '책임 사회'라는 슬로건에 초점을 맞추었고, 에반스톤과 1961년의 뉴델리 대회에서는 '급격한 사회 변화'에 대한 연구를 통해 신생 국가들과 신생 교회들의 문제에 똑같은 관심을 보였다. 이러한 에큐메니컬한 노력은 수많은 사회 윤리학 전문가의 조언을 모으고, 사회질서에 대한 기독교적 증언을 향한 관심이 세계 곳곳의 교회로 전달되는 계기가 되었다. 이 점에 관해 우리는 감사한다. 지금의 논평은 의도가 아니라 양식에 관한 것이다.

에큐메니컬한 글들에서 끊임없이 되풀이되는 주제는 그들이 '경건주의'라고 말하는 것에 대한 날카롭고 확고한 비판이다.59) 수고스럽게 인

---

59) Pierre Maury, *Politics and Evangelism*, Association, 1959, especially pp. 45

용할 필요도 없이 여기서 사용하는 이 용어의 의미는 다음의 요약에 잘 나타나 있다.

서구 교회들과 그들의 선교에서 교회는 사회 윤리에 관심을 두면 안 된다고 주장하는 사상의 흐름이 있었다. 그리스도인과 비그리스도인 간의 차이점이 넓게는 개인 윤리, 특별히 술, 담배, 그리고 춤과 관련해서 아주 강하고 부정적으로 그려졌다. 이 선 너머에 있는 더 넓은 사회 현상에서 나타나는 도덕적 차원이 존재한다는 아주 제한적인 자각이 있었지만, 실상 기독교는 그러한 문제들에 거의 관심을 두지 말아야 한다는 확고한 확신을 하고 있었다.

토머스M. M. Thomas는 경건주의를 '사회 구조와 정치권력의 세계로부터 물러섬withdrawal'으로 설명한다. 불신앙과 복음, 양자의 사회적 함의를 깨닫고 개인적 선교 동기에서 성장한 기독 학생 운동Student Christian Movement은 이러한 경건주의적 전통의 속박을 극복해야만 했다. 비록 소수의 역동적인 경건주의자들이 세계협의회에서 지도력을 발휘하고 있지만, 모든 기독교적 사회 비판이 가정하는 적대자와의 대화는 사회 윤리학의 토론에서 가장 생생하고 가장 빈번한 논란을 만들어 낸다.

여기서 우리가 제기하는 의문은 기독교의 사회적 관심 자체가 아니라 단지 경건주의 자체를 문제가 있다고 기술하려는 경향이다. 과거 기독교의 사회적 책임의 부적절성을 이해하는 문제점은 단순한 몇 마디 말로는 부족하다. 서투르게 사용했던 단어들 이면에 잘못된 진단이 도

---

ff.: M. M. Thomas, in *Ecumenical Review*, January 1962, p. 250 f.의 '경건주의 전통과의 싸움'이라는 머리기사를 보라. 이 저작들은 최근의 것이고, 그 작가들이 에큐메니컬 운동의 신뢰를 받는 대변인들이기에 특별히 주목하고 선별한 것이다. 그들의 저작들은 지속적으로 증가할 것이다.

사리고 있어서 해결에도 문제가 있었다.

경건주의는 교회 역사에서 특정한 운동이었다. 현재 사용하는 경건주의란 용어는 무엇보다도 역사적 운동과 이에 대해 표출되는 비난들 사이의 관계에 대한 의문을 제기한다. 모든 당대의 선택은 하나의 역사의 관점을 가정한다. 만약 그 역사를 오독한다면 현재를 이해할 때에도 색안경을 갖게 될 것이다.

18세기 운동을 생각하거나 이들의 영향을 받은 최근의 영적 상속자들을 생각하든 간에 우리가 지금 분명히 밝힐 것은 경건주의가 사회적이나 정치적 윤리에 무관심하지 않았다는 것이다. 교회 역사를 보면, 인구에 비례하여 극히 적은 운동과 극소수의 신학적 학파들, 모라비안 Moravians이나 감리교인, 그리고 일반 교회 내의 소수 사람이 제도적 독창성과 문화적 창조성을 만들어냈다. 명백하게 그들은 우리 시대가 아니라 그들 시대의 사회적 사안에 직면했다. 그들은 규약을 작성하고 핵실험 금지협정을 협상하거나 경제학자를 훈련하기보다는 학교를 만들고 노예를 자유롭게 하였고, 언어를 훈련하고, 간호사를 양성했다. 우리는 경건주의자들을 모방하라는 부름을 받지 않았다. 그러나 만약 우리가 우리의 관심사를 정의할 때, 그들의 모범을 거부한다면 우리는 혼동과 곤궁에 처하게 된다. 그들의 시대에 그들에게 유용했던 선택에 따라 그들은 사회 윤리적 사안들에 반응하였고, 그것은 창조적이고 독창적이었다.

두 번째로 프랑케Francke의 시대이든 아니면 프랑케 시대에서 부분적으로 유래한 오늘날의 근본주의에 근거한 것이든, 경건주의는 항상 명확한 정치 철학을 갖고 있었고, 그 철학에 일치한 행동을 하였다. 귀족 계급, 행동하는 정치가들, 그리고 군인들은 항상 경건주의 모임에서 두드러진 인물들이었다. 서구 기독교를 '국내'에서 선교하든지 혹은 국외에서 '국외 선교'를 하든지 전문적인 사역자와 선교사들은 정치 문제에 관여하는 것을 꺼렸다. 그 까닭은 관여가 그리스도인의 과업과 거리가 멀어서가 아니다. 교회와 사회는 자신의 관점에 따라 노동의 소명을 요구한다. 문제는 그가 속한 교회의 다른 누군가도 똑같은 소명을 따라 활동한다는 점이다. 경건주의자들이 "교회를 정치로부터 보호하라"고 외칠 때, 그것은 정치가 그리스도인의 일터가 아니라는 확신 때문이 아니다. 도리어 정치 참여를 자신들의 소명으로 생각하는 그리스도인들이 교인들의 간섭과 비판에 분개하였기 때문이다.

그러므로 만약 경건주의의 정치 윤리가 무언가 잘못된 것이라면, 그것은 틀림없이 '어느 쪽'whether이냐가 아니라 '어떻게' how의 문제에 있다. 만약 오류가 있다면, 그것은 불개입의 오류가 아니라 잘못된 종류의 참여일 것이다. 그러나 오늘날 만약 존재하지도 않는 적대자와의 마상 창 시합을 넘어서려면, 오늘날의 대화 역시 '어느 쪽'이냐가 아니라 '어떻게'의 문제를 다루어야 할 것이다. 이러한 급작스런 변화와 함께 최근의 에큐메니컬 연구의 유력한 주제는 덜 창조적인 것으로 보인다. 실제로 경건주의와의 인상적인 일치가 돋보인다.

1. 경건주의는 근본적으로 대개 기존의 정치 역사적 현실에 대한 긍정적인 반응에서 출발한다. 이런 긍정적인 평가는 강력한 하나님의 섭리라는 의미에서 그리고 또한 현재 사건들의 의미를 분별하는 기독교의 능력에 대한 강한 확신에서 연유한다. 왕권신수설 시대에 경건주의는 민주주의자가 아니었다. 또한, 앵글로 색슨의 민주주의에서 경건주의는 왕당파가 아니었다. 히틀러의 독일 시대에 경건주의는 고백 교회의 강

력한 대표자가 아니었다. 혁명의 시대에 그리스도인들이 신생 국가의 발흥 안에서 하나님의 손을 보았을 때,60) 또는 오늘날 동구의 철의 장막의 시대에 어떤 신학자들이 그들 자신의 역사뿐 아니라 1917년의 시각 61)으로 세계의 나머지도 조명하고자 할 때, 우리는 또다시 본질적으로 똑같은 자세를 취해야만 한다. 하나님의 손 안에 있는 기관인지를오로지 가시적인 교회만 주목할 것이 아니라 역사의 물줄기를 분별하면서 환영해야 한다. 우리는 여기서 그러한 입장들의 옳고 그름을 말하는 것에 관심이 없고, 경건주의적 전통 내에서 자신들이 어디에 서 있는가를 깨닫는 것에 있다.

2. 경건주의는 제도를 만들거나 변경하여 문제를 해결하는 것이 사회를 통솔하는 국가의 과업이라고 가정하는 경향이 있다. 만약 노예 제도가 잘못된 것이라면 그것은 법적으로 무효가 되어야 한다. 만약 아프리카의 이교도를 돕고자 한다면, 왕은 그들에게 특권을 주어야 한다. 만약 우리의 병사들이 복음을 듣고자 한다면, 제복을 입은 군목이 반드시 있어야 한다. 경건주의자들은 당국이 가진 정치권력을 존중할 뿐 아니라 새로운 필요들에 맞는 가장 분명한 방식으로 새로운 기능을 제안하여 이바지한다. 조직화된 사회의 유용하고도 분명한 수단이 다름 아닌 국가라는 확신을 다수의 현대 에큐메니컬 사상가들과 함께 공유한다.62)

---

60) M. M. 토머스는 1950년경의 저서 『최근 세계의 투쟁 속에서 기독교인』(*Christians in the Contemporary World Struggle*, WSCF Geneva(연대 없음), pp. 4-40.)에서 자신을 혹평하는 체발리에(Chevallier)와 브리드스톤(Bridston, Ibid. pp. 93ff., 119ff.)이 자신보다 덜 "서구적"인 것 같다고 말하면서 세계 혁명에 관해 희망스런 논조로 말하고 있다.
61) 조셉 로마드카(Josef Hromadka) 교수의 작품 중 일부에는 이런 경향, 혹은 적어도 유혹이 있다.
62) 미국의 연합 장로교회와 에큐메니컬 선교위원회의 후원과 관심, 그리고 대표성을

교회의 특이한 기능은 국가가 다다를 수 없는 친교와 봉사의 차원에서
는 살아 있는 모범 사회이며, 개인에 대한 인도주의적인 장려와 관심의
보호자로서, 나라, 인종, 그리고 계급 사이의 가교로서, 국가가 필요를
느끼지 않는 봉사의 고안자로서 에큐메니컬 문서들의 전문에 계속 암시
되어 있다. 그런데도 토론의 대부분은, 어떻게 국가가 전체 사회를 다스
리고, 어떻게 교회가 헌신한 개인들을 공공 업무이를테면, 국가의 고통에
보내며 국가의 주된 도덕적 사안에 관해 발언함으로 이 과정에 공헌할
수 있는가 하는 것들이 그 핵심을 차지한다. 물론 국가에 의존하는 주된
원인은 사람들이 사회 문제를 풀어내는 해결책이 무엇인지 찾아내고자
하는 욕구이며, 그것은 반드시 모두에게 구속력이 있다. 게토적 의식
ghetto mentality을 극복하려는 열정적인 기독교인들은 이웃들과 무관하
게 설정된 기준들을 수용하지 않는 경향이 있다. 오직 그리스도인에게
만 적용되는 도덕적 이상은 전체 사회를 효과적으로 바꿀 수 없으며, 참
된 기독교적 특성이 빠진 것이다.

3. 경건주의에 따르면, 설교와 성례전 시행의 의무가 있는 복음 사역
자와 제도로서의 교회가 정치적 사안에 대해 직접적으로 말하는 것은
거의 드문 일이다. 이 경우는 국가가 억제해야만 하는 특별한 죄들을 분
명하게 규정하고자 할 때 가장 쉽게 발생한다. 그렇지 않으면 교회다시
말해 목회자는 '옳고 그름이 분명하지 않은' 문제들에 관한 일상적 논쟁

부여한 보고서는 '봉사의 우선순위'를 머리에 두고 제일 위에 '정치적 영역에서 봉
사'를 설명하고 있다. 똑같은 공동체들 안에서 한 세대 전의 감리교 설교자들이 술
판매를 법으로 금지한 것은 회원들의 자발적인 금주 참여보다 더 쉽기 때문이었다.
오늘날의 목회자들은 부동산을 사고파는 대부분 사람이 그들 교회의 구성원임에도
도시와 국가 당국에 부동산을 팔 때에 인종 차별을 금하라고 요구한다. 이 문제에
관해서 앞에서 인용하였던 프랭클린 리텔의 논평을 보라.Chap. 3, 각주 5.〈3장의
각주 5번〉

에서 당파적 자세를 피해야 한다.63) 이 경향은 에큐메니컬 진영에도 남아 있다. 정치를 효과적으로 하는 것이 평신도의 직무라면, 설교자와 교회는 극단적 상황을 제외하고는 참여해서는 안 된다. 이것은 다당제인 나라들에는 아주 인상적인 결과를 가져온다. 다시 말해 그리스도인들에게 사회적 책임을 다하라는 권고는 한 정당이 아니라 모든 정당에 가입하라는 것이 된다. 그런 까닭에 복음이 그리스도인에게 부여한 사회적 책임의 이름으로 그리스도인들이 투표할 때마다 양측 모두에게 투표하여 균형을 이루거나 표를 공평하게 분산하여 그들의 영향력을 축소하게 된다. 그래서 정확하게 말하자면, 보수적인 태도는 견지하지만, 사회에 대한 비판적인 영향력은 없다는 것이 경건주의의 패턴이다.

성직주의와 종교적 처벌에 호소하는 모든 인간적인 사탕발림은 분명히 위험하다. 기독교의 사회적 책임이 다원주의 옹호를 피하고자 애쓰는 것은 당연하다. 그러나 이 해악을 피하고자 한다면, 그리스도인들이 중요한 사회적 이슈들에 대해서 같은 편에 서야 하며, '어느 쪽'으로 참여하느냐가 '어떻게'의 문제보다 우위에 있다는 생각은 가설적인 목표라 할지라도 단념해야 한다. 왜냐하면, 의도했던 것과 정반대의 결과를 가져오기 때문이다.

4. 경건주의의 사회 참여 기준들은 광범위한 영역의 지적 통찰력과 대개 '자연법'이라는 표제하에서 한 덩어리로 총괄해서 관찰할 수 있다. 이것은 사회적 목표를 위해 선택하는 전통적인 문화들(술, 담배, 춤, 허

---

63) 조심스러운 비판자는 인용한 구절이 청원이라는 사실을 주목할 것이다. 우리는 무엇이 옳고 잘못된 것인지를 엄밀한 토론을 하고 있다. 아우스부르크 고백의 16항으로 거슬러 가면 그것과 유사한 여러 가지를 발견할 수 있다. 이 조항은 매일의 도덕적 결단에서 구속력 있는 기독교 비판을 면제하려는 시도에 자주 의지하여 율법주의적이고 무비판적 사상의 분위기를 보여준다.

버드 아주머니64))에게도 마찬가지로 참이다. 그러한 목표의 신학적 기초는 후험적으로 적용되는 증거 본문과 동떨어진 것으로 악의 본질 그리고 국가나 제도 혹은 교회의 본질에 대한 심오한 이해라기보다는 보통 넓은 의미의 휴머니즘이자 낙관적 섭리관이다. 자연법에 대한 이러한 의존은 최근의 에큐메니컬 사상의 전형이다.65) 오로지 자연법만을 의지하는 것은 사회 윤리적 직업을 갖고 일하는 서로 다른 출신의 평신도들의 행동이 왜 그러한지, 또는 옳고 그른지에 관한 신학자들의 답변을 기다릴 필요도 없는 것처럼 느끼게 한다.66) 자연법 윤리학에서 주된 지향점은 '직책'과 '신분'의 개념이다. 한 사람이 사회 속에 있는 곳이 어디인가 하는 것은 "하나님이 너를 어느 곳에 두셨다"는 것으로써 표현되고, 신분 자체는 그의 의무를 결정한다. 최근 '소명의 재발견'만큼 에큐메니컬 사상에서 많이 등장하는 주제는 거의 없을 것이다. 이 소명은 복음에 의해 자신의 의무와 도덕관을 판단하기보다는 오히려 자신의 직업이 자신의 동료를 섬기는 길이라고 믿는 것을 보통 의미한다.

다른 계통은 경건주의와 에큐메니컬 신학 사이에서 이끌어낼 수 있지만,67) 그러한 기획은 우리의 관심사가 아니다. 더 진전된 분석은 우리

---

64) [역주] 영국 동요의 제목이자 주인공.
65) '책임 사회'라는 슬로건은 암스테르담(1948)에서 웁살라(1968)에 이르는 에큐메니컬 진영에 현저하게 나타나는 사상이다. 그러나 실질적인 사회 윤리 기준이나 설득력 있는 신학자들이 사용할 수 있도록 분명하게 정의된 것은 없다.
66) 평신도들이 보고서의 본문을 쓰는 동안 위원회의 신학자들이 서문을 작성하기 위해 다른 방으로 들어가 사회 윤리에 관한 하나의 에큐메니컬 문서를 쓰게 되었다. 물론, 이 평신도들이 자신들의 직업에서 인정받는 지도자들인가 하는 것이 의문이지만, 엘리트 지도자들의 역할을 완수하리라는 기대를 받는 그들의 윤리적 통찰은 그들의 직업적 경험에 의해 본질적으로 조명 받아야만 한다.
67) YMCA의 역사적 뿌리와 학생 기독교 운동: 그렇다. 본질적으로 기회주의적이고 회중주의적 운동은 구조적 문제를 회피한다. 이는 순조로운 교파주의와 옛 체제를 부활시키는 것으로 끝이 났다.

가 사회 윤리학 분야인 현재의 에큐메니컬 운동의 강조점과 일치점
을,68) 우리가 가진 유사점과 차이점 등을 재확인해 줄 뿐이다.69) 풋내
기 젊은이들이 자신의 독립을 입증하고 선택하는 길은 자기가 아버지의
자녀가 아니라고 분명히 밝힐 필요는 결코 없다.

B. 물러섬의 전략

경건주의와는 논리적으로도 역사적으로도 구분되는 다른 피안성은
메노나이트들과 같은 소수의 종교적이고 인종적 그룹에 있다. 그들의
문화적 고립은 자신의 정치적 비순응주의를 극화하고 촉진하는 것으로
보인다. 존 베네트John C. Bennett가 '물러섬의 전략strategy of withdraw-
al' 이라는 단어를 유포시킨 이후로 이 단어는 일부 보수적인 메노나이트
들에게 자신들의 의향을 아주 잘 진술한 것으로서 받아들여졌다.70) 따
라서 최근의 분석은 니버주의자와 메노나이트 입장 사이에 두드러진 일
치를 보여준다.71)

---

68) 전통적인 정통 교리를 시험하는 것과 대비되는 것으로써 선교적 증언, 친교, 그리
  고 봉사의 중심개념, 평신도의 특별한 관심 분야, 교회 상호 간의 대화와 성서적이
  고 기독론적인 지향과 같은 문제이다.
69) 모든 사람을 위한 윤리의 선점, "게토"(게토는 역사적으로 자기 의를 강조하는 그
  룹이 선택한 고립된 그룹이 아니다. 아브라함의 하나님께 충성하는 자를 사회에서
  몰아내어 그들로 세계주의자들로 만들고, 그리고 그렇게 함으로써 중세 유럽의 종
  교적으로 채색된 Volkstum(민족성)과는 잘 맞지 않은 피난민들이었다)의 낌새에
  관한 자의식, 국가에 대한 신념, 권력 엘리트와 도덕 엘리트의 동일시, 자연법.
70) *Canadian Mennonite*, July 12, 1963.에 실린 복음적 메노나이트 협의회
  (Evangelical Mennonite Conference)의 성명이 실례가 된다. *Concern 1*에 실린
  이 저자의 용어 사용은 다른 맥락이었고, 여기서 논의하고자 하는 함의는 갖고 있지
  않다. 그러나 이런 방향으로 오해하는 구실을 하였다.
71) 이 호칭은 사람이 아니라 이상적 유형을 가리키는 것이다. '니버주의자들' 은 물론
  이고, 프랭클린 리텔(1장의 각주 2번을 참조하라)과 일부 메노나이트 조차도 신자의

- 예수는 비폭력적 저항을 가르치고 실천하셨다. 가버나움의 백부장, 성전 청결, 그리고 다락방에서의 두 개의 칼에 관한 전통적인 개신교의 논증에 반대되는 것이다.
- 정부는 칼의 사용을 포함하며, 심지어는 전쟁을 가능한 수단으로 삼으며 영속적이다. 유토피아적이고 무정부주의적 평화주의와 반대된다.
- 자신에게 가장 정직하고 논리적인 대안은 '제3의 것은 없다' ter-tium non datur라는 것이다.

여기서는 왜 이런 뚜렷한 일치가 잘못 오해되기 쉬운 것으로 비난받는지를 설명할 필요가 없다. 이 논증과 서로 다른 양쪽의 주장은 양자를 앞뒤가 맞지 않게 혼합할 따름이라는 것에 있지 않다는 추가적 측면을 깨닫는 것이 이 작은 책의 전체 주제이다. 여기서 우리는 아주 폭넓게 공유되는 그릇된 생각의 토대를 이해하려는 노력에 논의를 제한하고자 한다.

1. 이 오해는 에큐메니컬적인 진지함이 결여한 탓에 쉽게 받아들여졌다. 전통적인 메노나이트들에게 국가에 대해 책임을 지는 태도는 하나님이 제정하였다는 것이다. 사회에는 그런 사람들이 반드시 존재해야만 하지만, 진정한 그리스도인은 칼의 사용을 피할 수 없는 공직에 참여해서는 안 된다. 니버주의자가 논리적으로 한결같이 인정하는 바는 메노

교회 비전(believers church vision)을 지지하는 자들도 포함된다. '메노나이트' 의 태도는 이 책에서 이의를 제기하는 틀 안에서 정의할 수 있는 논리적 유형이다.

나이트가 다른 그리스도인의 신앙고백과의 연속성이라는 관계의 측면에서는 그들이 비록 불성실하지는 않아도 결국 이 입장은 적어도 부적절하다고 판단한다. 니버주의자는 오로지 이교도를 위해 논리적인 방식으로 행동하는 것을 선택하기 때문이다. 마찬가지로 니버주의자들이 메노나이트의 일관성을 인정하지만, 그것은 오류의 일관성이다. 그들의 공적 책임의 거부는 그 자체로 절대 없어서는 안 될 기독교적 사랑의 사회적 의미 자체를 부인하는 것이고, 직업적 인식을 만족하게 하기 위한 그들의 거절은 마치 등에와 같다. 즉, 올바르라고 요구하지 않는 조건을 참아내는 귀찮은 존재들로서 최악의 죄악으로 여기는 교만이다. 각 정파는 자신이 거부하는 견해의 패러다임으로서 다른 정당의 일관성을 칭찬한다. 그러나 형제 기독교인들 사이에서 얻는 상호 인정과 권고의 의무를 서로에게 더는 빚지지 않는 대가를 치러야 한다.

2. 오해는 그릇된 역사 편찬에 기인한다. 메노나이트 역사는 문화적, 정치적 그리고 지리적으로 물러서는 이주의 연속이다. 이런 일부 이동의 동기 중 하나는 군역 의무를 피하려는 것이다. 비폭력적 저항의 논리학적 해석으로 그 역사를 읽는 것보다 더 논리적인 것은 무엇인가? 소수 이웃에 의해 생명을 보존할 장소들을 찾아 나서는 변방의 고된 여행보다 더 논리적인 것, 그리고 비폭력적 저항을 위해 사회적 임무에 간섭하지 않는 것보다 더 논리적인 것은 무엇인가? 그러나 역사는 그 논리에 부끄럽지 않은 삶을 살지 못했다고 말한다. 대부분의 메노나이트들은 이주하지 않았다. 이동한 자들 대부분도 징병을 피하지 않았다. 그리고 그들이 징병에 응했을 때조차도 그 동기는 결코 양심적인 무기의 거절에서 추론된 결과로 비폭력적 저항의 논리에 따른 것은 아니었다.72) 무

기 소지의 거절은 너무 전통적이고 율법적인 동기이었다. 변방으로의 이주는 제자도의 논리학을 지조 있게 존경한 것과는 사뭇 거리가 멀다. 무엇보다 생존 욕구에서 비롯되었다. 우선은 현실의 박해를 모면하고, 다음으로는 덜 변호할 수 있는 것으로는 비폭력적 저항과는 무관한 인종적이고 문화적 패턴을 유지하기 위하여 좀 더 자유로운 사회적 왕래를 꺼린 것이다.

3. 오해는 문화적으로 조건 지워진 열등한 감정에 의해서 조장되었다. 처음에 미국의 메노나이트들은 근대 미국의 폭넓은 지적인 삶에 능동적으로 참여하면서 인정받고자 하는 갈망이 간절했었다. 메노나이트의 확신을 듣고서 니버주의자들이 조건부로 인정한 것은 다른 주류 개신교인들보다 훨씬 더 호의적이다. 아무도 주목하지 않는 것보다는 일관된 예언자요, 바리새인으로 간주한 것이 차라리 명예로울 정도이다.

4. 이런 심리학적인 방어기제는 지적인 아첨과 결합하여 있다. 이미 널리 시행되는 정치들을 받아들이거나 이미 존재해 있는 편들 중 하나를 선택하는 것은 정상적이지만, 더 지혜로운 접근은 그 개념들을 질문할 필요가 있다. 따라서 니버주의자들의 정치와 문화, 그리고 칼과 사회적 책임의 동일시는 종종 전체로 넘어가 버렸다. 그 때문에 영웅적 시도는 정의를 더는 유지하지 못하는 관점이 되었고 틀에 맞추려는 변호로 전락하게 되었다.

---

72) 퀘이커들은 혁명 시대의 펜실베니아 정부로부터 손을 떼었는데, 그 까닭은 그들의 평화주의가 그들로 하여금 전쟁 노력을 지지하도록 하는데 부적절하게 했기 때문이 아니라 권력에 있는 퀘이커 개인들이 더는 소수 규정을 위한 경우를 지속적으로 만들어 나갈 수 있는 헌신과 이해가 더는 퀘이커답지 못했기 때문이다.

요더의 저서 (* 표는 대장간 요더 총서)

- The Christian and Capital Punishment (1961)
- Christ and the Powers『그리스도와 권세』(translator) by Hendrik Berkhof (대장간)*
- The Christian Pacifism of Karl Barth (1964)
- The Christian Witness to the State (대장간)*
- Discipleship as Political Responsibility『제자도, 그리스도인의 정치적 책임』(KAP역간)
- Reinhold Niebuhr and Christian Pacifism (1968)
- Karl Barth and the Problem of War (1970)
- The Original Revolution: Essays on Christian Pacifism『근원적 혁명』(대장간)*
- Nevertheless:The Varieties and Shortcomings of Religious Pacifism『그럼에도 불구하고』(대장간)*
- The Politics of Jesus『예수의 정치학』(IVP)
- The Legacy of Michael Sattler, editor and translator (1973)
- The Schleitheim Confession, editor and translator (1977)
- Christian Attitudes to War, Peace, and Revolution: A Companion to Bainton (1983)
- What Would You Do? A Serious Answer to a Standard Question『당신이라면?』(대장간)*
- God's Revolution: The Witness of Eberhard Arnold, editor (1984)
- The Priestly Kingdom: Social Ethics as Gospel (1984)*
- When War Is Unjust: Being Honest In Just-War Thinking (1984)
- He Came Preaching Peace『평화의 주 그리스도(가제)』(대장간)*
- The Fullness of Christ:Paul's Revolutionary Vision of Universal Ministry『그리스도의 충만함』(대장간)*
- The Death Penalty Debate: Two Opposing Views of Capitol Punishment (1991)
- A Declaration of Peace: In God's People the World's Renewal Has Begun (with Douglas Gwyn, George Hunsinger, and Eugene F. Roop) (1991)
- Body Politics: Five Practices of the Christian Community Before the Watching World『교회, 그 몸의 정치』(대장간)*
- The Royal Priesthood: Essays Ecclesiological and Ecumenical (1994)(대장간)*
- Authentic Transformation: A New Vision of Christ and Culture (1996)
- For the Nations: Essays Evangelical and Public (1997)(대장간)*
- To Hear the Word (2001)
- Preface to Theology: Christology and Theological Method (2002)
- Karl Barth and the Problem of War, and Other Essays on Barth (2003)
- The Jewish-Christian Schism Revisited (2003)
- Anabaptism and Reformation in Switzerland: An Historical and Theological Analysis of the Dialogues Between Anabaptists and Reformers (2004)*
- The War of the Lamb: The Ethics of Nonviolence and Peacemaking『어린양의 전쟁』(대장간)*
- Christian Attitudes to War, Peace and Revolution (2009)(대장간)*
- Nonviolence: A Brief History The Warsaw Lectures (2010)(대장간)*
- The End of Sacrifice:The Capital Punishment Writings (2011)『자비의 종말(가제)』(대장간)*

Articles and book chapters

- (1988) The Evangelical Round Table: The Sanctity of Life (Volume 3)
- (1991) Declaration on Peace: In God's People the World's Renewal Has Begun
- (1997) God's Revolution: Justice, Community, and the Coming Kingdom